CORFOU

PAXOS ET ANTI

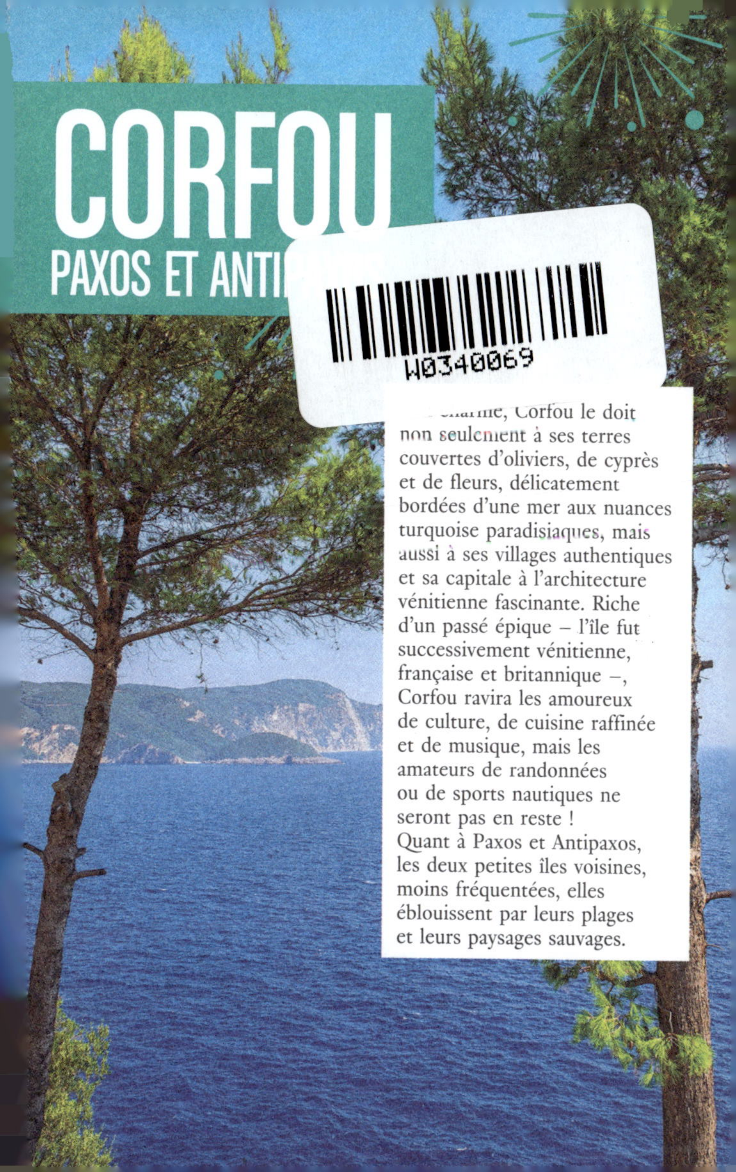

… charme, Corfou le doit non seulement à ses terres couvertes d'oliviers, de cyprès et de fleurs, délicatement bordées d'une mer aux nuances turquoise paradisiaques, mais aussi à ses villages authentiques et sa capitale à l'architecture vénitienne fascinante. Riche d'un passé épique – l'île fut successivement vénitienne, française et britannique –, Corfou ravira les amoureux de culture, de cuisine raffinée et de musique, mais les amateurs de randonnées ou de sports nautiques ne seront pas en reste !
Quant à Paxos et Antipaxos, les deux petites îles voisines, moins fréquentées, elles éblouissent par leurs plages et leurs paysages sauvages.

LES INCONTOURNABLES

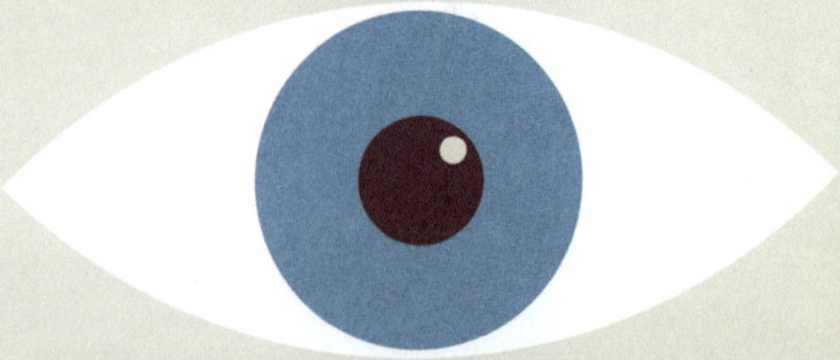

La vieille ville de Corfou

In-man-quable ! Flânez dans ses étroites ruelles animées, entre d'élégants palais aux façades pastel et de belles églises, le tout au son des orchestres philharmoniques. Son architecture vénitienne et sa douceur de vivre sont un must ! **Voir p. 29.**

Le palais de Sissi, Achilleion, dans le centre

Vous êtes sous le charme de Sissi l'impératrice ? Suivez ses pas dans ce somptueux palais d'été ! Le jardin en terrasses dominant la plaine verdoyante ne peut que vous émerveiller. **Voir p. 81.**

La presqu'île de Kanoni

La carte postale par excellence ! Cet îlot rattaché par une digue abrite une toute petite chapelle blanche.

L'été, il y a foule, mais quel paysage spectaculaire au coucher du soleil ! **Voir p. 34.**

La baie de Paleokastrítsa

Six anses plus envoûtantes les unes que les autres. Faites trempette dans l'une d'entre elles puis embarquez de la plage d'Agios Spiridon pour découvrir les grottes bleues aux magiques eaux turquoise. **Voir p. 70.**

Le château d'Angelokastro

Envie d'adrénaline ? La vue sur la baie de Paleokastrítsa du sommet du « château des anges » est… vertigineuse ! Partir à l'assaut de cette forteresse byzantine, c'est aussi voyager dans le temps et imaginer comment les Vénitiens ont résisté avec bravoure à l'invasion ottomane. **Voir p. 69.**

Afionas et Porto Timoni

Du haut de sa colline, le coquet village d'Afionas domine la plage de Porto Timoni, ce fer à cheval verdoyant bordé d'eau cristalline. Perdez-vous dans ses ruelles et admirez la vue, ou randonnez jusqu'à la plage, l'expérience sera mémorable dans les deux cas.**Voir p. 68.**

Chlomos, dans le sud de Corfou

« Le balcon de Corfou » : Chlomos porte bien son surnom. Accroché à une colline fleurissante, ce village aux maisonnettes colorées offre une vue imprenable sur la mer et la campagne environnante. **Voir p. 88.**

Le village abandonné du Vieux Perithia

Encore des vieilles pierres ? Certes, mais ce village vénitien abandonné, perché sur le versant nord du mont Pantokrator (p. 54) et ceint de cyprès et de chênes, vous remplira d'émotions. Pensez à déguster le miel traditionnel fabriqué sur place, un délice ! **Voir p. 53.**

Les villages de l'arrière-pays

Nymfes, Agio Douloi, Varipatades… Quand vous découvrirez leurs palais vénitiens aux façades pastel, leurs églises flanquées de hauts campaniles et leurs ruelles fleuries de bougainvilliers et de jasmins, vous serez conquis par ces havres de paix. **Voir p. 55 et 79.**

La plage de Voutoumi, à Antipaxos

Comment ne pas être fasciné par ce camaïeu de bleus ? Depuis Paxos ou Corfou, une excursion à la journée est possible. Sur place, n'hésitez pas à lézarder au soleil sur les transats fourni par le *beach bar*. **Voir p. 105.**

La vue depuis le mont Pantokrator

Qui dit plus haut sommet de l'île, dit panorama à couper le souffle ! Les sentiers pour l'atteindre sont source d'émerveillement tant la végétation est riche et les points de vue qui les jalonnent splendides ! **Voir p. 54 et 85.**

Longos, à Paxos

Bordée d'une eau limpide, ce port de pêche, le plus petit de l'île, vous charmera par le calme qui y règne. Une parfaite étape pour se ressourcer. **Voir p. 102.**

EXPÉRIENCES UNIQUES

Admirer le *sunset* à Peroulades

Sur cette côte nord-ouest, le soleil plonge littéralement dans la mer. Les jeux d'ombre et de lumière sur les falaises crayeuses aux contours lunaires sont surprenants. Un chef-d'œuvre à contempler des cafés surplombant Agios Stefanos ou la plage de Loggas. **Voir p. 67 et 72.**

Voguer de crique en crique...

... dans le nord-est de l'île. Inaccessibles en voiture, c'est à bord d'un bateau à moteur ou d'un voilier – à louer à Kalámi ou Agios Stefanos – que l'on explore la côte de la région préservée d'Erimitis. Plongez dans la mer aux nuances de bleu enivrant ! **Voir p. 60.**

Cuisiner dans la campagne de Corfou...

... avec Christos, le chef de **Corfood Bites**, un passionné qui partage son savoir sans réserve. Les étapes de cette expérience unique ? Faire la cueillette dans son potager, se parer d'un tablier, se mettre en cuisine sur la terrasse aménagée, et déguster ces bons plats face à un olivier centenaire ! **Voir p. 44.**

Découvrir les secrets de l'huile d'olive grecque

C'est le produit emblématique de Corfou ! Pour tout savoir de sa fabrication, la famille Dafnis vous accueille au Governor's Olive Mill. Au programme : visite de l'exploitation traditionnelle et dégustation de ce nectar précieux. **Voir p. 96.**

Explorer les fonds marins...

... de Corfou et Paxos. Différents clubs de plongée vous permettront de vous engouffrer dans des caves marines parmi des tortues, des dauphins ou des poissons. Pour ceux qui n'ont pas de diplômes, vous pouvez aussi pratiquer du snorkeling dans les eaux translucides de ces îles ! **Voir p. 76, 110 et 114.**

Observer les oiseaux migrateurs...

... au bord du lac de Korission. Le site héberge une centaine d'espèces d'oiseaux, notamment d'élégants flamants roses et des hérons, mais aussi des orchidées rares. De l'autre côté du lac, piquez une tête dans la mer et bronzez sur la longue langue de sable d'Halikounas. Dépaysement garanti ! **Voir p. 88.**

Se laisser emporter par la musique corfiote

Pas moins de 17 orchestres philharmoniques sur l'île de Corfou ! On peut véritablement dire que la musique classique berce les Corfiotes depuis leur plus jeune âge. Elle envahit les rues lors du carnaval et à Pâques, impossible de l'ignorer... Procurez-vous le programme auprès de la société philharmonique de Corfou. **Voir p. 43.**

Se balader à vélo ou à cheval au cœur des oliveraies

Quel plus beau décor que des oliviers centenaires ? À vélo, sur les roues de Corfu Outdoor, ou à cheval, guidé par Horse Riding Corfu, on aime se perdre dans la nature, pédaler sur des routes sinueuses aux panoramas magiques ou galoper jusqu'au village abandonné du Vieux Perithia. Des excursions inoubliables ! **Voir p. 44 et 60**

Assister à Pâques ou au carnaval de Corfou

Un voyage dans le temps, à l'époque vénitienne, ça vous tente ? Au carnaval ou à Pâques, Corfou devient intemporelle. Toute la ville est en fête : banquet, danse, musique… C'est durant ces festivités que vous pourrez le plus profiter des concerts en plein air des orchestres philharmoniques. Grandiose ! **Voir p. 14.**

Déguster des vins et des produits de la ferme…

… made in Corfou ! Découvrir les produits du terroir ne se refuse pas : dégustation de vin et repas dans un cadre bucolique près de la capitale au domaine d'Ambelonas, et au sud de l'île, découverte des cépages cultivés uniquement sur l'île au vignoble de Pontiglio. Un must on vous dit ! **Voir p. 79 et 95.**

NOS ADRESSES COUPS DE CŒUR

Taverne gourmande et traditionnelle, restaurant de poisson face à la mer, spot pour observer le coucher de soleil, épicerie fine, artisanat... Voici la sélection 100 % locale de Marina, notre auteure.

Boulangerie Starenio

L'une des meilleures boulangeries de Grèce ! Et ici, vous trouverez aussi des produits vegan et sans gluten.

Voir p. 35, Corfou ville

Alonaki Bay

Alonaki Bay

Quel panorama sur la mer depuis ce restaurant perdu au milieu des roseaux et de la nature ! La vue n'est pas le seul argument de ce lieu d'exception : le poisson est cuit à la perfection.

Voir p. 92, Sud de Corfou

Taverna Ilias

Dans le charmant village de Karousadhes, une taverne traditionnelle qui sert des plats onctueux. Et que dire de l'ambiance ? Plus authentique, ce n'est pas possible !

Voir p. 71, Nord-Ouest de Corfou

Akrotiri Café

Le meilleur spot de l'île pour observer un coucher de soleil d'exception ! Excellente musique pour passer la soirée dans ce cadre romantique à souhait.

Voir p. 72, Nord-Ouest de Corfou

Terrasse à Gaios

Myrto Zirini Ceramics

White House Restaurant (Durrell's House)

Un café-restaurant où il fait bon vivre doublé d'un lieu inspirant ? On adhère ! Et on profite sans hésiter d'une limonade sirotée sous les oliviers ou d'un plat raffiné dégusté sous la pergola ombragée.

Voir p. 51, Nord-Est de Corfou

Porto Vecchio

Ambiance lounge pour ce café-bar où le jazz, sélectionné avec soin, sied parfaitement au paysage relaxant du port de Gaios.

Voir p. 108, Paxos

Ginger

Une boutique réjouissante où dénicher les meilleurs produits bio et locaux : liqueur de kumquat, huile d'olive, miel, confiture d'orange… De quoi gâter vos proches à votre retour !

Voir p. 43, Corfou ville

Patounis

Une adresse historique ! En activité depuis 1891, c'est l'une des dernières savonneries traditionnelles d'Europe. Elle fabrique notamment un savon qui ressemble un peu à celui de Marseille.

Voir p. 43, Corfou ville

Agrotica

On se croirait en Italie ! La pizza cuite au feu de bois y est tout aussi délicieuse. Mais on vient aussi pour l'ambiance chaleureuse et authentique du village de Vitalades.

Voir p. 93, Sud de Corfou

Myrto Zirini Ceramics

Dans cet atelier, vous rencontrerez une artiste talentueuse, Myrto, qui vous fera découvrir toutes les subtilités de l'art de la céramique !

Voir p. 42, Sud de Corfou

LES PLAGES DE CORFOU, DE PAXOS ET D'ANTIPAXOS

Elles sont paradisiaques et il y en a pour tous les goûts ! Longues étendues de sable fin, criques discrètes pour piquer une tête, plages de galets blancs photogéniques... À vous de choisir ! Les riches fonds marins et les eaux turquoise font de ces îles une destination phare pour les amateurs de plongée.

Paleokastrítsa

Six baies encastrées dans des rochers se succèdent. Petits galets pour certaines, sable doré pour d'autres… Surtout ne manquez pas de visiter les grottes bleues ! Voir p. 70 et 115.

Glyfada

Très fréquentée l'été, cette longue plage de sable fin, entourée de pins et d'oliviers, est malgré tout magnifique. Elle dispose de terrains de beach-volley, d'équipements pour pratiquer des sports nautiques, de tavernes et de bars animés. Voir p. 78.

Halikounas

Une beauté sauvage ! Les dunes de sable sont cernées de cèdres et de genévriers, mais aussi fréquentées par les oiseaux qui viennent s'abriter dans le lac de Korission. Voir p. 88.

Avlaki

Tapissée de petits galets blancs, la mer de la plage d'Avlaki allie une couleur turquoise et un bleu profond sublime. Exposée à un vent léger, c'est un spot idéal pour s'adonner à la planche à voile. Un lieu familial et reposant. Voir p. 63.

Porto Timoni

C'est l'une des plages carte postale de Corfou ! En forme d'ancre, elle se niche dans une baie entourée d'une forêt verdoyante. On n'y accède qu'à pied depuis

Afionas ou en bateau depuis Agios Giorgios. Voir p. 68.

Gardenos

Une grande plage de sable doré, encerclée de falaises blanches boisées. L'ambiance y est familiale et calme, malgré les transats et les activités nautiques organisées. Voir p. 91.

Voutoumi

L'une des plus belles plages de Grèce et de Méditerranée. On se croirait presque aux Caraïbes ! La mer y a une couleur translucide et turquoise indescriptible. Voir p. 105.

PÂQUES ET CARNAVAL À CORFOU

Corfou est la plus italienne des îles grecques. Il n'est donc pas étonnant que le carnaval soit autant fêté et qu'il donne l'occasion aux habitants de vêtir leurs plus beaux costumes et masques à plumes !
Pâques est l'autre grande célébration de l'île. Pendant toute une semaine, des célébrations diverses animent la ville. Durant ces deux fêtes, vous pourrez également profiter des concerts des orchestres philharmoniques. Des rendez-vous à ne pas manquer !

Le carnaval, un héritage vénitien

Mélange original entre l'héritage vénitien et les traditions antiques, le carnaval est célébré avec passion à Corfou. Une semaine avant le principal week-end de carnaval, l'île s'anime et les différents groupes de musique et fanfares entonnent des airs qui lancent le début des festivités.

La semaine commence par le ***krasodiko*** (« la cour du vin »), une représentation dans laquelle des hommes en costume se jugent les uns les autres et dénoncent ceux qui ont trop bu.

Le **dernier jeudi du carnaval**, une autre drôle de coutume perdure : les femmes se mettent à leur balcon et commencent à faire des commérages en dialecte.

Puis le **Jeudi gras**, le soir, vous sentirez l'odeur de barbecue partout dans la ville et dans tous les villages de l'île. Tout le monde déguste des grillades, toujours sur fond de musique traditionnelle, de chansons et d'alcool.

Le jour d'après signe pour les orthodoxes le début du **Carême**, durant lequel il est interdit de consommer de la viande.

Le dimanche, une **grande parade** traverse la ville avec, là encore, musique et jolis costumes !

L'incontournable fête de Pâques

Corfou est l'une des destinations incontournables pour fêter la **Pâques orthodoxe**. Attention, les hôtels sont souvent complets, il faut réserver bien à l'avance !

Le **dimanche des Rameaux**, en mars, marque le début de la **Semaine sainte**. On prépare des gâteaux traditionnels au miel et aux amandes.

Puis le **Vendredi saint**, des processions solennelles avec l'**épitaphios** – le cercueil du Christ – ont lieu à travers plusieurs quartiers. Les cloches retentissent alors aux quatre coins de la ville.

Le **Samedi saint**, l'ambiance est plus gaie ! Des jarres en terre cuite pleines d'eau sont jetées depuis les balcons décorés de tissus rouges. Cette tradition serait inspirée des Vénitiens qui, pour accueillir la nouvelle année, lançaient de vieux objets des balcons. Les **dix-sept orchestres philharmoniques** de la ville jouent aussi de la musique pour annoncer la Résurrection de Jésus. Vers minuit, les Grecs se rendent à l'église et attendent que le pope clame que le « Christ est ressuscité ». Ils prennent la lumière venue de Jérusalem avec une bougie et la ramènent jusqu'à leur foyer, pour le protéger du mal. Des feux d'artifice majestueux sont alors tirés dans la baie de Corfou, avec pour toile de fond la mer et les étoiles. Après la messe, on casse le jeûne avec une spécialité de l'île, la *tsilihourda*,

un plat d'abats d'agneau cuisiné avec des oignons et de l'aneth.

On mange aussi des **œufs durs peints en rouge** et on s'amuse à cogner chaque œuf avec celui de son voisin pour voir lequel résiste le mieux. Celui qui a réussi à conserver son œuf intact sera le plus chanceux dans l'année à venir ! En dessert, on goûte à la *colombina*, un pain aux fruits secs en forme de colombe.

Dimanche, comme partout en Grèce, les familles se réunissent et dégustent un agneau à la broche, bien souvent rôti pendant des heures !

UN GRAND WEEK-END SUR MESURE

L'île de Corfou en 4 jours

J1

Matin

On cède au charme vénitien de la ville de Corfou (p. 28) pour commencer la découverte de l'île. Avant de flâner entre les édifices couleur pastel, faites un détour par le vieux fort et déambulez sur le Liston, l'imposante promenade à arcades de la ville. En matinée, un café à la librairie Plous, dans une ambiance cosy, s'impose.

Midi

Profitez de l'ambiance du marché central et dégustez du poisson chez Fishalida (p. 38). Si votre budget est serré, prenez à emporter des feuilletés délicieux chez Starenio (p. 35).

Après-midi

À côté du marché, découvrez Patounis (p. 43), l'une des plus vieilles savonneries à l'huile d'olive d'Europe. Ensuite, baladez-vous dans le quartier de Mouragia (p. 33), puis longez la corniche jusqu'au café-bar Imabari (p. 39), où vous pourrez siroter un verre en admirant un fabuleux coucher de soleil.

Soir

Dégustez une cuisine innovante chez Salto Wine Bar (p. 37) ou optez pour la terrasse de l'hôtel Cavalieri (p. 35) avec sa vue panoramique.

J2

Matin

De bon matin, visitez la presqu'île de Kanoni (p. 34), avec sa petite église blanche au milieu de la mer, avant l'afflux des visiteurs. À 10 km au sud, partez sur les traces de Sissi l'impératrice dans le palais d'Achilleion (p. 81), où elle passait ses étés.

Midi

Direction le sud ! Dans le village de pêcheurs de Boukari, déjeunez les pieds dans l'eau chez Spiros Karidis (p. 89).

Après-midi

Un peu chaud ? Rejoignez la plage de sable doré de Gardenos (p. 91) pour piquer une tête. Puis partez à

Plage de Gardenos

la découverte de Chlomos (p. 88), village authentique qui surplombe toute la campagne environnante.

Soir

À côté à Vitalades (p. 90), pour finir la journée tout en gourmandise, savourez une cuisine italienne succulente chez Agrotica (p. 93) !

J3

Matin

Direction l'ouest et Paleokastrítsa (p. 70). Arrivez tôt, en été, pour éviter la foule. Commencez par la visite du monastère – d'où l'on a une vue splendide –, puis faites un tour de bateau pour observer les grottes bleues, ou rendez-vous sur l'une des cinq plages aux eaux cristallines de la baie. Offrez-vous un café à La Grotta (p. 69) ; vous pourrez même plonger de son ponton !

Midi

Une petite faim ? Grimpez jusqu'au village de Lakones (p. 69) et attablez-vous à la Taverna Boulis (p. 71).

Après-midi

Arpentez le château d'Angelokastro (p. 69) qui offre un superbe panorama. Plus au nord, c'est le charme du pittoresque village d'Afionas (p. 68) qui vous fera craquer. Admirez de haut la plage paradisiaque de Porto Timoni (p. 68), perdue dans la nature.

Soir
Un coucher de soleil inoubliable ? Roulez jusqu'à Pelekas (p. 79) et passez la soirée à siroter les fabuleux cocktails du bar Zanzibar (p. 82) !

J4

Matin
Sillonnez le nord-est, la région la plus verte de l'île. Les criques aux eaux translucides se succèdent : Nissaki (p. 51), Kalámi (p. 52), Agios Stefanos (p. 53)... Faites une pause au White House Restaurant (p. 51), le cadre est magique !

Midi
Prenez la direction du village abandonné du Vieux Perithia (p. 53). L'ambiance y est unique et la nature envoûtante. Déjeunez sur place à la taverne O Foros (p. 56).

Après-midi
L'arrière-pays au pied du mont Pantokrator réserve de belles découvertes : les villages de Spartilas (p. 54 et 85), Nymfes (p. 55) et Agioi Douloi (p. 55), entre autres, respirent l'authenticité et la douceur de vivre. Les routes sinueuses ne sont cependant pas de tout repos, donc ne chargez pas votre programme.

Soir
Vous pouvez dîner à Agnadio (p. 55), qui offre une vue panoramique sur la mer, ou dans l'une des tavernes des villages traversés.

Cinq jours à Corfou et Paxos, entre détente et découvertes

J1

Matin
Passez la matinée dans la ville de Corfou : baladez-vous dans la vieille ville (p. 29) à l'atmosphère italienne. Découvrez le musée d'Art asiatique dans le palais de Saint-Michel et Saint-Georges (p. 32) ou le Casa Parlante Museum (p. 29) pour un voyage dans le quotidien de la bourgeoisie corfiote au XIXe s.

Midi
Prenez ensuite la route du sud, et arrêtez-vous dans le village pittoresque de Chlomos (p. 88) où vous pouvez déjeuner, au calme, chez To Steki (p. 92).

Musée d'Art asiatique, Corfou

Après-midi

Après le déjeuner, filez vers Petriti (p. 89), à seulement 4 km à l'ouest de Chlomos. Vous profiterez de la sérénité de cet adorable port où vous apprendrez tout sur la vie des pêcheurs du coin grâce à un ingénieux système de panneaux informatifs.

Soir

À Lefkimmi (p. 91), profitez du coucher de soleil à la Taverna Petrakis (p. 93) et dînez dans ce lieu romantique face à la mer. Le lendemain matin, prenez le bateau tôt pour Paxos.

J2

Matin

Commencez la journée par une promenade dans le charmant port de Gaios (p. 102), un petit Saint-Tropez grec avec ses maisons néoclassiques colorées et ses voiliers à quai.

Midi

Achetez des feuilletés gourmands et des gâteaux à la boulangerie To Spitiko (p. 103).

Plage de Vrika, Antipaxos

Après-midi

Puis offrez-vous une baignade dans la plus belle plage de l'île : Erimitis (p. 103). Elle n'est accessible qu'à pied, après une marche d'une dizaine de minutes.

Soir

En soirée, dirigez-vous vers le port de Longos (p. 102), où il fait bon vivre. Prenez un verre face à la mer au Roxi Bar (p. 108). Puis, selon votre budget, délectez-vous de poisson et de mets raffinés chez Vassilis (p. 107) ou posez-vous dans une taverne authentique perdue dans la nature, chez Dolos (p. 108).

J3

Journée

Prenez le large avec Panos (p. 110), qui vous emmène durant six heures sur son caïque de bois. Première étape, les grottes bleues de Paxos, puis les plages d'Antipaxos, l'île voisine : Vrika et surtout Voutoumi (p. 105), où la mer rivalise de beauté avec celle des Caraïbes.

Sur la place, un *beach bar* et des restaurants peuvent dépanner pour le déjeuner si vous n'avez pas prévu un casse-croûte, mais les prix sont parfois un peu exagérés.

Soir
Le soir, dînez à Gaios dans la taverne Thalassa (p. 106) avec le murmure des vagues et les étoiles pour tout décor.

J4

Matin
Partez tôt de Paxos pour retourner à Corfou. Commencez par la visite guidée du Governor's Olive Mill (p. 96), pour tout apprendre de la fabrication de l'une des huiles d'olive les plus réputées de l'île.

Midi
Pour déjeuner, rendez-vous à Alonaki Bay (p. 92), l'une des meilleures adresses de Corfou, où la vue plongeante sur la mer est mémorable.

Après-midi
À côté se trouve le lac de Korission (p. 88), un vrai paradis pour les oiseaux migrateurs. La longue plage de sable d'Halikounas qui le borde est idéale pour se baigner.

Soir
En soirée, rejoignez Pelekas (p. 79) pour profiter d'un magnifique coucher de soleil et vous restaurer, pourquoi pas d'une délicieuse cuisine grecque traditionnelle, chez Jimmy's (p. 81).

J5

Matin
Direction l'ouest de Corfou avec la magnifique baie de Paleokastrítsa (p. 70). Après avoir visité le monastère, Afionas (p. 68) et ses bougainvilliers en fleur, non loin, attendent votre visite.

Midi
Pour le déjeuner profitez de l'arrière-pays de cette région et de ses beaux villages. Vous pouvez aller déjeuner chez Ilias (p. 71), à Karousadhes, où vous vous régalerez d'une cuisine authentique et d'un accueil chaleureux.

Après-midi
Les plus sportifs peuvent se rendre à pied sur la plage paradisiaque de Porto Timoni (p. 68).

Les autres profiteront d'une navette en bateau de la plage d'Agios Giorgios pour la rejoindre.

Soir
En soirée, le spectacle, c'est à Peroulades (p. 67) qu'on le voit : le coucher de soleil, qui se fond avec la mer et les falaises blanches, est l'un des plus beaux de Grèce ! Pourquoi ne pas l'admirer depuis le café Akrotiri (p. 72), à Agios Stefanos ?

SI VOUS PROLONGEZ VOTRE SÉJOUR

Vous connaissez déjà les incontournables de Corfou ? Explorez de nouveau l'île en sortant des sentiers battus : il vous reste encore beaucoup à découvrir.

Randonnées

Si vous avez l'opportunité de rester une journée de plus dans le Nord-Est, cela vaut le coup de se balader dans la région préservée d'Erimitis (p. 49 et 62). La balade est facile et très agréable, car elle permet à la fois de combiner baignade et découverte de la flore et des paysages.

Dans le Sud, la promenade entre Kavos et la plage d'Arkoudilas (p. 96) est aussi dépaysante et vous emmène sur une longue étendue de sable sauvage d'une grande beauté.

Plages et sports nautiques

Pour les amateurs de windsurf et de surf, deux spots sont incroyables à Corfou (p. 76) : Avlaki, dans le Nord-Est, et la plage d'Halikounas, dans le Sud. À Paxos, avec l'agence Paxos Thalassa Travel (p. 110), vous pourrez découvrir en kayak les criques inaccessibles en voiture.

Hors des sentiers battus

Vous aimez les ambiances locales ? Filez dans l'arrière-pays de Corfou, dans les villages restés encore authentiques malgré l'essor du tourisme. Promenez-vous dans les ruelles de Varipatades (p. 79), de Sinarades (p. 80), ou de Chlomos (p. 88). Succombez au charme des demeures seigneuriales et des églises aux hauts campaniles à Agioi Douloi et Nymfes (p. 55) ou Spartilas (p. 54). Découvrez les secrets de fabrication du vin local (vignoble de Pontiglio, p. 95) ou prenez un cours de cuisine locale (CorfooBites, p. 44).

Escapade d'une journée en Albanie

Partir une journée en Albanie depuis Corfou ? C'est très facile et dépaysant ! À seulement 1h de bateau, découvrez Ksamil et ses belles plages aux eaux claires, mais surtout visitez le parc archéologique de Butrint : le temps semble s'être arrêté en ce lieu qui a vu passer les civilisations grecque, romaine, byzantine et vénitienne et où la nature est particulièrement en harmonie avec les ruines antiques. Plusieurs options sont possibles pour s'y rendre : choisir une excursion organisée ou prendre un ferry et s'y rendre par ses propres moyens en bus. Pensez à vous munir de votre passeport !

Voir informations pratiques p. 122.

Sinarades

VISITER CORFOU

Kalámi

À SAVOIR

Meilleure saison

Évitez si possible de venir en haute saison (juillet et août). L'île est saturée. S'y rendre au printemps et à l'automne vous laissera un bien meilleur souvenir !

Comment venir

En avion

Corfou dispose d'un aéroport international (CFU). Plusieurs compagnies relient la France à Corfou directement en trois heures environ, notamment Easyjet, Transavia et Volotea. Mais, hors saison, il vous sera peut-être nécessaire de faire escale à Athènes.

Aéroport de Corfou • 2661 089 602 • www.cfu-airport.gr/en

Nos conseils de visite

- L'été, les touristes viennent souvent visiter la ville de Corfou en fin de matinée et repartent rapidement. L'idéal est donc de profiter de l'atmosphère unique de la ville en soirée.
- Pour vous garer, il y a un grand parking sur l'Esplanade de Corfou et un autre près de la place San Rocco.

En bateau

Depuis Igoumenitsa, sur le continent grec, des ferries partent toutes les heures pour l'île. Il faut compter 1h30 de traversée et environ 6€ par personne et par trajet.

Comment se déplacer

En bus

Les bus relient la ville de Corfou, depuis la gare située dans la ville nouvelle, et la côte nord de l'île, Kassiopi et Roda par exemple. Plusieurs bus par jour vont également vers Paleokastrítsa ou à Lefkimmi. Mais le week-end et les jours fériés, le service est réduit et les coins les plus sauvages et isolés ne sont pas faciles à atteindre en bus.

https://greenbuses.gr • Tickets : 1,50- 5€. Gare place San Rocco.

En taxi

Les taxis vont permettront surtout de rejoindre l'aéroport (env. 10€) ou le port (7€) depuis le centre-ville de Corfou.

2661 033 811

En voiture ou à scooter

C'est le mode de transport le plus approprié pour Corfou. Les distances peuvent être longues et surtout, les transports en commun ne vont pas partout. Attention, toutefois, il faut être vigilant sur les routes étroites et sinueuses de l'île. En été, la circulation intense complique les choses !

Location de véhicules

Les grandes compagnies internationales, à l'instar de Hertz, sont présentes à l'aéroport ou dans le Nord, vers Kassiopi.

Hertz : aéroport de Corfou • 2661 033 547 • www.hertz.gr

Vous trouverez aussi de petites agences grecques, mais lisez bien les contrats de location et vérifiez que l'assurance est incluse. Possibilité pour que le véhicule vous soit livré au lieu de votre choix.

Où dormir ?

Loger dans la ville de Corfou présente l'avantage de pouvoir profiter de la vie nocturne et des liaisons en bus. Hors saison, la ville est agréable et animée alors que dans certaines parties de l'île, certains établissements peuvent être fermés. Mais en haute saison, il est préférable de profiter de la campagne corfiote et de trouver un hébergement à l'écart de la foule.

Où sortir ?

L'activité nocturne se concentre dans la ville de Corfou. Mais partout sur l'île, des *beach bars* très agréables vous ouvrent leurs portes. L'un des plus beaux se trouve à Barbati : Piedra del Mar (p. 57). À Pelekas, le bar Zanzibar (p. 82) propose une ambiance unique, avec une musique jazz et des concerts live en été. À Kavos et Sidari, de nombreux clubs et bars sont fréquentés par de jeunes fêtards, mais l'atmosphère est loin d'être aussi authentique !

Utile

Infos touristiques

Office de tourisme de Corfou

https://visit.corfu.gr

Santé

General Hospital of Corfu "Agia Eirini" : hôpital public de Corfou.

À 8 km à l'ouest du centre-ville • 2661 360 400

Ionian Care : clinique privée.

Nord de l'île • 2663 031 428 • www.ioniancare.gr

Agences de voyages

Aperghi Travel

Agence de voyages spécialisée dans les randonnées (propose aussi des hébergements uniques dans la nature).

I.Polyla 1, Corfou ville • 2661 048 713 • www.aperghitravel.gr

Dreamland

Cette agence propose des excursions originales à la journée (journée en Albanie, pêche dans les criques...).

El. Venizelou 46A, Corfou ville • 6986 034 878 (WhatsApp) • https://corfudreamland.com/excursions

CORFOU VILLE

1

La ville de Corfou est l'une des plus belles de Grèce. Inscrite au patrimoine mondial de l'Unesco, ses étroites ruelles, ses élégants palais aux façades pastel et ses nombreuses églises lui donnent un petit air vénitien. Pour goûter à sa douceur de vivre, baladez-vous en début de soirée sur la Spianada et longez le Liston – une promenade inspirée de la rue de Rivoli à Paris. Dans le quartier de Faliraki, vous admirerez le coucher de soleil les pieds dans l'eau, avant d'écouter de la musique classique dans un décor romantique !

Vieux Fort

1 Vieux Fort+++ (Paleó Froúrio)

Surplombant la mer, l'ancienne forteresse bâtie par les Vénitiens au XIVe s. était un poste de contrôle incontournable sur le littoral. La vue y est imprenable ! Montez jusqu'au phare, vous profiterez d'un panorama encore plus impressionnant. Au sud du Vieux Fort, l'église orthodoxe d'Agios Georgios, édifiée au XIXe s., se dresse tel un temple grec avec ses six colonnes doriques en façade et mérite une petite visite.

En contrebas de l'Esplanade • ☎2661 048 310 • T.l.j. 8h-20h (nov.-mars ferme à 15h) • Entrée 6 €.

2 Liston et la Spianada+++

Le Liston, qui longe un boulevard piéton, est une imposante galerie à arcades édifiée par les Français au début du XIXe s. Plusieurs terrasses de cafés ou de salons de thé chic s'y succèdent – *the place to be* pour déguster un café frappé, en particulier en soirée, quand les bars s'animent. En face, la Spianada, ou l'Esplanade, s'étend jusqu'au Vieux Fort. Ce vaste espace où les Corfiotes se promènent et les enfants jouent était, de 1815 à 1874, lorsque les Anglais étaient présents sur l'île, en partie leur terrain de cricket !

3 Casa Parlante Museum⁺⁺

Que diriez-vous d'un voyage dans le temps ? Installé dans une demeure vénitienne d'époque, ce musée illustre l'histoire d'une famille bourgeoise de Corfou au XIXe s. Vous plongerez dans son quotidien, grâce à des reproductions de son intérieur, des figurines en cire, des musiques et des explications passionnées et passionnantes fournies par un guide en français.

Nikiforou Theotoki 16 • ☎2661 049 190 • http://casaparlante.gr • T.l.j. 10h-18h • Visite guidée 10 €.

4 Église de Saint-Spyridon⁺⁺

De splendides fresques se cachent dans cette église du XVIe s. au dôme rouge si caractéristique. Elle abrite les reliques de saint Spyridon (env. 270-348), le saint patron de l'île, qui aurait protégé les Corfiotes à de nombreuses reprises. Parmi les célébrations du saint au cours de l'année, citons la grande procession du 11 août, pour commémorer le sauvetage de l'île de l'invasion turque en 1716, mais aussi le dimanche des Rameaux et le premier dimanche de novembre, en hommage à sa protection lors de deux épidémies ravageuses de peste, celles de 1629 et de 1673.

Agios Spyridona 32 • T.l.j. 8h-21h.

5 Vieille ville⁺⁺⁺

Inscrite au patrimoine mondial de l'Unesco, la vieille ville de Corfou rivalise de beauté avec les plus belles cités italiennes ! Blottie entre deux forts – l'ancien

Pause détente dans la vieille ville : Plous Books & Coffee

Dans cette toute petite librairie du centre-ville se cache un café cosy, idéal pour une halte loin de la foule et pour se détendre au son de musique jazz. Au milieu des livres, en anglais ou en français pour certains, un chat vient se frotter contre vous. Les propriétaires sauront vous conseiller et vous recommander des lectures pour votre séjour. Pourquoi ne pas vous plonger dans les romans de Gerald et Lawrence Durrell (p. 54) ?

1 Nikiforou Theotoki 91 • ☎2661 035 191 • Lun.-sam.10h-21h • Café env. 3 €.

Musée d'Art byzantin Antivouniotissa 7
Quartier de Mouragia
Arseniou
Vénizélou
Donzelot
Prosforou
PLACE TAXIARCHON
Dousmani
Zavitsianou
Prossalendiou
Ag. Theodoras
Themistokleous
Filelinon
Mitropoleos
Alipiou
PLACE DE LA NOUVELLE FORTERESSE
Fort Neuf (Néo Froúrio) 9
Vieille ville 5
Église St-Spyridon 4
Ag. Spiridonos
Kalocheretou
Kapodistriou
Solomou
Paleologou
N. Théotoki
Filarmonikis
M. Théotoki
Casa Parlante Museum 3
Liston 2
Spiana
Quartier juif 8
Velissariou
Sevastianou
Ag. Pandon
Sotiros
Voulgareos
Vlassopoulou
Paléologou
Ag. Sofias
Marché central 10
G. Markora
PL. M. THÉOTOKI
Giotopoulou
Manou
Eparchou
Padova
Psoroula
Voulis Dikastirion
Guilford
Aristotelous
Mostoxydou
I. Théotoki
G. Théotoki
Dessila
Konstanda
PLACE G. THÉOTOKI SAN ROCCO
PLACE PSICHIATRIOU
Methodiou
Mitropoliti
Mantzarou
N. Politi
N. Zambeli
Mavili
Souliou
Dimodokou
Franginou
G. Aspioti
Akadimias
Vouleflon
Rizospaston
Alexandras
Vraila
Zafiropoulou
I. Romanou
Marasli
Polila
G. Kalosgourou
Dimokratias
11 Mon Repos – 12 Kanoni, Pontikonísi

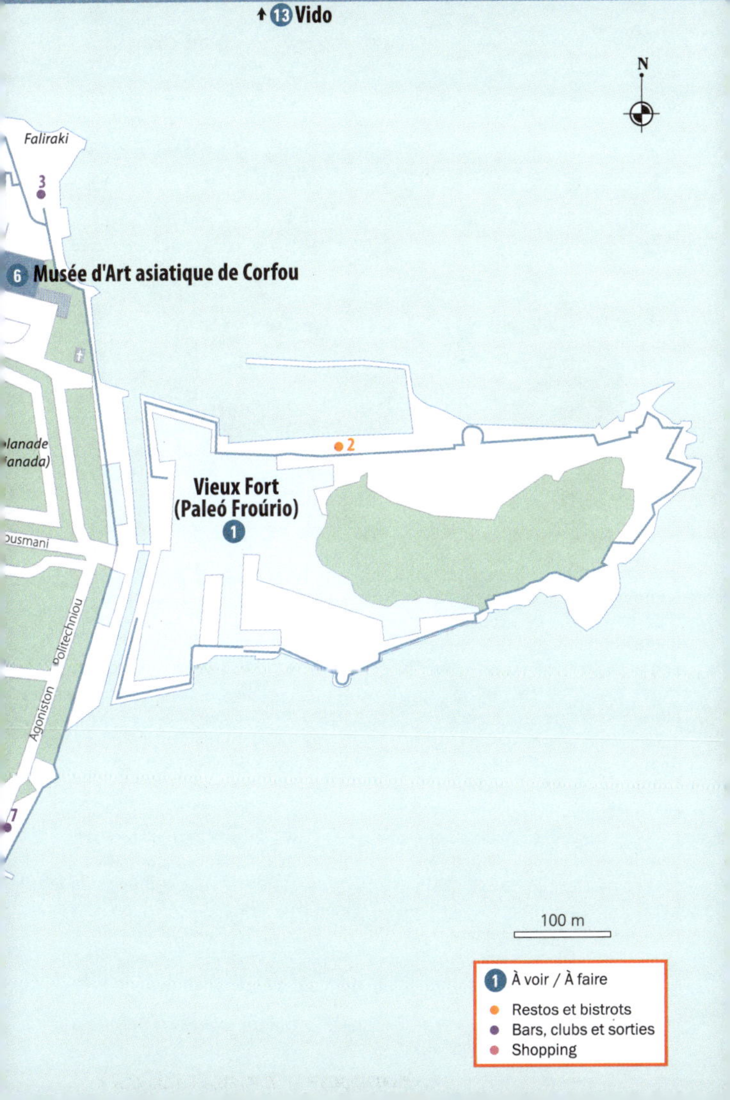
13 Vido
N
Faliraki
3
6 Musée d'Art asiatique de Corfou
2
Vieux Fort
(Paleó Froúrio)
1
lanade
anada)
ousmani
Politechniou
Agoniston
7
100 m
1 À voir / À faire
Restos et bistrots
Bars, clubs et sorties
Shopping

près de la mer et le nouveau, en hauteur, Corfou est composée d'un labyrinthe de ruelles bordées d'édifices vénitiens aux chaudes couleurs pastel. Ses 39 églises et ses places au charme fou, comme celle de la mairie sont autant d'occasions de se perdre dans ce dédale. En haute saison, les passagers des navires de croisière envahissant les rues les plus centrales, dirigez-vous vers le quartier juif ou dans les ruelles derrière le musée d'Art byzantin Antivouniotissa (ci-contre) pour un peu plus de calme.

6 Musée d'Art asiatique✦✦✦

Dans un ancien palais de style néoclassique vénitien, le palais de Saint-Michel et Saint-Georges, situé à l'extrémité du Liston, se trouve l'unique musée d'Art asiatique de Grèce. Un riche Corfiote passionné par l'Asie a fait donation de sa collection privée à la ville de Corfou. Tenues de Geisha, céramiques japonaises ou encore porcelaines chinoises de la dynastie Ming (fin XVIe-XVIIe s.)... plus de 10 000 pièces sont ici regroupées. Pensez aussi à vous promener dans les galeries d'art municipales, au rez-de-chaussée, en admirant les icônes byzantines, avant de vous offrir un moment de détente dans les jardins à la française qui entourent le musée pour terminer votre visite.

Palea Anaktora, à l'extrémité nord de l'Esplanade • ☏2661 030 443 • https://matk.gr • T.l.j. 8h-20h • Entrée 6 €.

7 Musée d'Art byzantin Antivouniotissa et quartier de Mouragia⁺⁺

La plus ancienne église de Corfou (XVe s.), Notre-Dame Antivouniotissa (« celle qui regarde la mer ») abrite le musée d'Art byzantin. On y verra une remarquable collection de tableaux et d'icônes grecs orthodoxes témoignant de l'art religieux des îles Ioniennes du XIVe au XVIe s. Ne manquez pas les icônes byzantines de Michel Damaskinos, un peintre corfiote de renom. Après votre visite, explorez le quartier tout proche de Mouragia, qui longe la mer, et engouffrez-vous dans les ruelles les plus préservées de l'île, où les vieux Corfiotes sèchent encore leur linge aux balcons.

Arseniou 25 • www.antivouniotissamuseum.gr • ☏2661 038 313 • Mer.-lun. 8h30-16h • Entrée 4 €.

8 Quartier juif⁺⁺⁺

Un quartier animé et plein de charme ! Les Juifs sont arrivés à Corfou en 1160. Au XVIIe s., le doge vénitien construit un ghetto. Aujourd'hui, il ne reste plus grand-chose de la présence juive. Seuls 185 d'entre eux ont survécu à la déportation durant la Seconde Guerre mondiale. La synagogue, au 4 rue Velissariou, est souvent fermée en dehors des fêtes juives, mais elle mérite d'être visitée. Une plaque rappelle qu'ici est né l'écrivain Albert Cohen.

9 Fort Neuf⁺⁺ (Néo Froúrio)

Perchée au sommet de la colline qui domine le centre-ville, cette forteresse vénitienne du XVIe s. offre surtout une très belle vue depuis les remparts. Cet impressionnant fort militaire à deux étages a été conçu comme second poste de défense

Musée d'Art byzantin Antivouniotissa

pour contrer toute tentative d'invasion ottomane. On y accède par la rue Solomou, en empruntant un escalier pavé.

Au-dessus de la rue Solomou • T.l.j. 8h30-15h30 • Entrée gratuite.

10 Marché central⁺⁺

Au pied du Fort Neuf s'étend ce beau marché animé dont les étals colorés font rêver : produits locaux, épices, herbes, légumes, poisson... L'ambiance est authentique. Il a d'ailleurs été fréquenté par de nombreuses célébrités au fil des années, notamment Jackie Kennedy en 1970 ! Profitez du soleil en terrasse et dégustez avec les habitués un café au Popular.

Lochagou Spiridonos Vlaikou 1-11 • Lun.-sam. 7h-14h30.

Presqu'île de Kanoni

Hors centre

11 Mon Repos⁺⁺⁺

C'est dans un domaine boisé, au sud de la ville de Corfou, que vous découvrirez la villa où est né en 1921 le prince Philippe de Grèce, futur époux d'Elizabeth II. La balade dans le jardin et la découverte du musée archéologique de Paléopolis – que l'édifice du XIXe s. abrite désormais et où sont regroupées quelques trouvailles de l'Antiquité –, se révèlent très agréables. En suivant des sentiers à travers les bois, vous rencontrerez également des temples antiques dédiés à Héra et à Apollon. Comptez une demi-heure de marche depuis le centre-ville pour arriver au domaine ou prenez le bus n° 2a depuis l'Esplanade.

Péninsule de Kanoni • ☎2661 032 783 • Mar.-sam. 8h30-15h30 (parc jusqu'à 21h) • Entrée 2 €.

12 Presqu'île de Kanoni et île de Pontikonísi⁺⁺⁺

C'est l'une des images les plus connues de Corfou, celle que l'on voit partout en carte postale. Kanoni, cet îlot rattaché à la ville par une digue, abrite une minuscule chapelle byzantine blanche du XIIIe s. Après sa visite, vous pouvez rejoindre Pontikonísi, l'île « souris » en bateau. Une petite chapelle byzantine s'y trouve également. Le paysage est particulièrement beau au coucher du soleil. Mais attention, il peut y avoir du monde en été !

Traversée en bateau 3 €.

13 Vido++

Envie d'échapper au tumulte de la ville ? Rien de tel qu'une excursion sur l'île Vido, à seulement dix minutes en bateau du petit port de Corfou, dans le quartier de Mouragia (p. 33). Pour profiter pleinement de la nature et de la mer, empruntez un court sentier qui relie les deux jolies plages de la rive nord. Sur l'île, un monument rend hommage aux soldats serbes tombés pendant la Seconde Guerre mondiale et inhumés sur place.

Départs ttes les 10 min • Aller-retour 4 €.

Restos | Bars | Hôtels | Shopping | Activités

Restos Bistrots

Corfu Sailing Restaurant

Club nautique 2

En contrebas du Vieux Fort de Corfou (p. 28), face aux voiliers et à la mer, le cadre est tout simplement magique. À l'honneur sur la carte : les fruits de mer, bien sûr ! C'est l'endroit idéal pour déguster des poissons grillés, des crustacés ou des calamars. Pour y dîner, réservation obligatoire : l'entrée se fait par celle de la forteresse qui ferme ses portes à 20h. N'oubliez pas de vous offrir une balade dans le château illuminé. On vous l'a dit, magique.

Dans le Vieux Fort • ☎ 2661 038 763 • https://corfu-sailing-restaurant.com • T.l.j. 12h30-23h30 • Repas 20-30 €.

Cavalieri

Roof garden 3

La plus belle vue de Corfou avec un panorama grandiose sur le Vieux Fort et l'Esplanade. Réservez une table et admirez le coucher de soleil, le cadre est parfait pour une soirée en amoureux. La cuisine d'inspiration italienne est raffinée. Les raviolis à la truffe ou les spaghettis à l'encre de seiche fondent dans la bouche !

Kapodistriou 4 • ☎ 2661 039 041 • • https://cavalierihotel.gr/corfu-roof-top-restaurant-bar • T.l.j. 18h30-2h • Dîner 30-35 €.

Starenio

Boulangerie 4

Sans aucun doute la meilleure boulangerie de la ville. Feuilletés salés, quiches ou cakes maison… tout ce qu'il faut pour déjeuner sur le pouce et les prix sont imbattables ! Quelques tables en extérieur permettent de déguster tranquillement ces petits délices. Les propriétaires proposent également des recettes vegan !

Guilford 61 • ☏2661 047 370 • Lun.-sam. 7h30-18h30 • Part de tarte ou feuilleté 2-3 €.

Stazei Meli

Pause sucrée 5

Pour les amateurs de douceurs sucrées, Stazei Meli – littéralement en grec « il coule du miel » –, est l'étape indispensable à Corfou ! Les beignets au miel, les *loukoumades*, sont les meilleurs de la ville. Vous pouvez aussi vous laisser tenter par des gaufres faites maison.

Guilford 60 • ☏2661 300 537 • https://menu.stazeimeli.gr • Mer.-lun. 9h-minuit • Gaufre ou beignet au miel 5 €.

Rosmarino

Italien raffiné 6

Giovanni et Francesca vous emmènent tout droit en Italie ! Les spaghettis *al dente* et les pizzas à la pâte bien fine sont aussi succulents que dans leur pays d'origine. Les produits comme la mozzarella sont importés toutes les semaines. Sur la place de l'hôtel de ville, sans les bruits des voitures et par une douce nuit d'été, vous voyagerez le temps d'un repas au calme.

Guilford 69 • ☏2661 044 718 • https://rosmarinocorfu.com/el • T.l.j. 12h-1h • Repas 20-30 €.

Pane e Souvlaki

Sur le pouce 7

Sur la place charmante de l'hôtel de ville, ce fast-food dispose de quelques tables pour manger le traditionnel souvlaki, pain pita garni de viande de porc ou de poulet, de tomates, tzatziki et frites (à partir de 3,50 €). Les salades (quinoa et épinards ; taboulé ou lentilles et fromage frais) sont aussi succulentes. Une adresse idéale pour manger sur le pouce pour une addition raisonnable !

Guilford 77 • ☏2661 020 100 • https://panesouvlaki.com • T.l.j. 12h-1h • Repas 5-10 €.

Taverna Ninos

Cantine populaire 8

Adresse authentique dans une ruelle de la vieille ville, où les Corfiotes viennent le midi prendre à emporter un plat cuisiné ou des spécialités de Corfou : moussaka, tomates farcies au riz, *sofrito* (bœuf relevé au vinaigre et à l'ail)… Vous pouvez choisir votre plat dans une vitrine puis vous asseoir dans la ruelle ombragée pour le déguster.

Sevastianos 44 • ☏2661 046 175 • T.l.j. 12h-minuit • Repas 12-15 €.

Papagiorgis

Glaces 9

Une vraie institution à Corfou ! Ce glacier existe depuis 1924 et propose des parfums variés. Ne manquez pas le combo chocolat noir-kumquat ou le sorbet fraises des bois. Pour ceux qui ne raffolent pas des glaces, la pâtisserie propose aussi des choux à la crème onctueux, un vrai régal!

Theotoki Nikiforou 32 • 2661 039 474 • https://papagiorgis.gr/el • T.l.j. 8h-2h • Boule de glace 2 €.

Venetian Well

Haute gastronomie 10

Une adresse idéale pour fêter un événement, ou profiter d'une soirée romantique sur une petite place pleine de charme où trône un puit vénitien (d'où le nom du restaurant). Le chef revisite les plats traditionnels de Corfou, innove et propose des mets originaux à base de produits de saison : bar sur crème d'artichaut, ris de veau avec sa sauce aux champignons et à la truffe… La carte change au fil des saisons.

Plateia Kremasti • 2661 550 955 • https://venetianwell.gr • T.l.j. 12h-minuit • Dîner autour de 40 €.

Salto Wine Bar

Bar à vins-bistrot 11

Sur le front de mer, voici « *the place to be* » pour les Corfiotes amateurs de bonne cuisine. La carte mélange des influences grecques, orientales et italiennes et change des tavernes traditionnelles. Sauté de porc aux figues caramélisées, bar en papillote, champignons farcis à la feta, salade caprese aux tomates cerises et à la mozzarella, il y en a pour tous les goûts!

Salade calabrese

Donzelot 23 • 2661 302 325 • https://saltowinebar.gr • T.l.j. 18h30-0h30 • Repas autour de 20 €.

Berdes

Mezze 12

La jeunesse de Corfou aime se retrouver dans ce *mezzedopoleio* pour écouter de la musique, discuter autour de petits plats pas chers à partager et d'une bière locale. C'est l'adresse idéale pour les petits budgets qui apprécieront le côté authentique du lieu. Mais attention, cette petite échoppe peut être assez bruyante et se remplit vite le week-end!

Prosalendou 13 • 6976 870 523 • T.l.j. 19h-2h • Repas env. 10 €.

Marina's Taverna

Taverne grecque 13

Dans une ruelle agréable du quartier juif de Corfou, cette taverne dispose d'une belle terrasse accueillante. Marina, la propriétaire, concocte des spécialités de l'île et des plats d'inspiration italienne, comme les rigatonis à la pancetta et aux champignons qui sont succulents ! Le bon rapport qualité-prix est un autre avantage pour la ville de Corfou où l'addition décolle souvent beaucoup plus vite qu'en Grèce continentale.

Velissariou 35 • 2661 100 7792 • T.l.j. 12h-minuit • Repas 10-15 €.

Fishalida

Restaurant de poisson

14

L'une des meilleures adresses pour manger du poisson à Corfou. À deux pas du marché central, l'établissement propose des plats recherchés avec des produits frais de qualité. Les tagliatelles aux gambas et le filet de bar sur une purée de fava (légumineuse) et d'aubergines sont un régal ! En saison, il faut absolument réserver.

Lochagou Spiridonos Vlaikou 11 • 2661 082 150 • www.fishalidacorfu.gr • T.l.j. 11h-23h • Repas 15-20 €.

Saluteria

Bar à vins

15

À l'écart de la foule, cette adresse secrète est un point de rencontre pour les jeunes Corfiotes qui aiment partager une planche de charcuterie et de fromages locaux autour d'un verre de vin. Vous pouvez aussi déguster d'excellents gnocchis ou raviolis à la truffe ! Saluteria est un lieu convivial pour découvrir les vins produits sur l'île, notamment ceux de la famille Theotoky.

Terrasse avec vue sur mer

Iakovou Polyla 24 • ☏2661 105 186 • www.saluteria.gr • T.l.j. 18h30-23h30 • Dîner 12-20 €.

Bars, clubs Sorties

Mikro kafé

Café pittoresque 1

À l'ombre d'une pergola, la terrasse de ce café est l'une des plus agréables du vieux Corfou. En journée, vous pouvez vous arrêter déguster un café avec des habitués et, en soirée, venir siroter des cocktails originaux concoctés notamment avec une liqueur de kumquat, l'une des spécialités de Corfou !

Kotardou 42 • ☏2661 031 009 • T.l.j. 9h-minuit • Café 2-3 €; cocktail 8-10 €.

Arthaus Cafe

Bar à vins 2

Dans une ruelle près de l'église Saint-Spyridon, les murs de ce café-bar sont tapissés de peintures, et une musique apaisante accompagne cette atmosphère unique. L'été, vous préférerez vous poser sur la terrasse de cet lieu authentique, à l'écart de la foule. La carte des vins est bien fournie et l'établissement propose aussi quelques mezze à partager entre amis.

1er passage Saint Spyridon 3 • 2661 033 740 • www.facebook.com/arthauscorfu • T.l.j. 8h30-minuit • Verre de vin 6-7 €.

Imabari Café

Café-beach bar 3

C'est le lieu idéal pour se baigner lorsque l'on visite la ville de Corfou. Le café dispose d'un ponton et de chaises longues qui permettent de profiter de la mer et du soleil. En soirée, la musique rend l'atmosphère festive et attire habitués et touristes dans ce cadre magnifique au bord de l'eau. Des salades et des sandwichs sont préparés toute la journée et le soir, le chef, Yannis Liokas, concocte de bons plats de viande ou de poisson.

Faliraki • ☏2661 100 340 • www.imabaricorfu.gr • T.l.j. 9h30-1h • Cappuccino 4 €; cocktail 10-12 €.

Favela n° 17

Café-bar 4

Sur une petite place calme, cachée derrière un labyrinthe de ruelles de la vieille ville, ce café propose des pancakes délicieux, des boissons chaudes et des cocktails le soir. Une adresse prisée de la jeunesse de Corfou, qui aime se retrouver aux tables en terrasse, à l'ombre d'un imposant bougainvillier rose !

Place Petridou • ☏2661 023 466 • T.l.j. 9h-0h30 • Pancakes 7-8 €; cappuccino 3 €.

Café Koultoura

Café traditionnel 5

Dans le quartier qui longe la corniche face à la mer, la terrasse de ce café, rafraîchie par la brise marine, est des plus paisibles. Les étudiants s'y retrouvent souvent en fin de journée pour un verre. L'établissement propose également de bons petits déjeuners et des snacks tout au long de la journée. Les prix sont corrects.

Donzelot 25 • ☎2661 032 021 • T.l.j. 8h-minuit • Café 2-3 €; cocktail à partir de 5 €.

Polytechno

Bar-concerts 6

À quelques pas de la nouvelle forteresse, c'est l'adresse incontournable de Corfou pour venir écouter des concerts de jazz, de la musique expérimentale, classique ou rock. Les Corfiotes raffolent de musique en tout genre, et se pressent à Polytechno jusqu'au petit matin. Vous pouvez y prendre une bière locale et sympathiser avec des habitués. Prix raisonnables.

Scholemvourgou 39 • ☎2661 027 794 • Facebook : polytechnocorfu • T.l.j. 8h-5h • Bière 4 €; cocktail env. 8 €.

Naok Azur

Beach bar 7

Avec une vue plongeante sur la mer et une plage en contrebas, ce café-bar est exceptionnel par son emplacement. Durant la journée, vous pourrez en profiter pour faire un saut dans l'eau et, le soir, rêver face à la côte illuminée ou vous déhancher sur des hits internationaux. Vous pouvez aussi déguster d'excellents sushis et spécialités asiatiques en soirée mais les prix sont un peu élevés.

Leoforos Dimokratias 1 • ☎6949 209 642 • https://naokazur.com • T.l.j. 9h-3h • Café 4-5 €; cocktail 10-12 €.

Hôtels B&B

Bella Venezia

Hôtel de charme

À deux pas de l'Esplanade et du centre-ville, une maison néoclassique rose pleine de charme. Rénovées, les chambres avec des salles de bains modernes sont confortables. Le vrai plus est le petit déjeuner grandiose (smoothies, omelettes ou œufs préparés selon les envies, cakes maison, feuilletés divers, confiture…), qui se prend dans le jardin où le parfum du jasmin embaume l'air.

Zambeli 4 • ☎2661 046 500 • www.bellaveneziahotel.com • Ouv. toute l'année • De 120 à 200 €.

Siorra Vittoria

Boutique-hôtel

Dans un manoir vénitien de 1823, les neuf chambres de cet hôtel coquet ont toutes été décorées avec élégance. Le grand jardin fleuri est un havre de paix en plein centre-ville où il est très agréable de prendre un thé ou un café à toute heure de la journée. L'établissement est vite complet, il faut réserver bien à l'avance, en particulier pour un séjour en été !

Stefanou Padova 36 • ☎2661 036 300 • www.sioravittoria.com • De 150 à 220 €.

Locandiera

Maison d'hôtes

Dans une ruelle calme, près de la place de la mairie, cette bâtisse vénitienne a été rénovée avec soin. Les six chambres ont chacune leur propre décoration, mais sont toutes aussi raffinées. Nancy, la propriétaire, prépare un petit déjeuner à base de produits locaux très complet et savoureux. Elle est aussi une source précieuse d'information sur l'île.

Gennata 8 • ☎2661 039 035 • https://locorfu.com/el • De 80 à 120 €.

Konstantinoupolis

Hôtel économique

Face à la mer, près du port, cet hôtel a été établi au XIXe s. par une famille originaire de Constantinople – ce qui explique son nom. Rénové récemment tout en gardant sa décoration traditionnelle, l'établissement dispose de chambres simples mais confortables. L'été, le bruit de la rue peut être gênant, mais c'est un bon rapport qualité-prix pour rester dans la ville de Corfou.

Zavitsianou 11 • ☎2661 048 716 • www.konstantinoupolis.gr • De 65 à 100 €.

Bella Venezia

Shopping Cadeaux

Corfoot

Chaussons en cuir 1

Juliane Henkel, une Allemande installée avec sa famille à Corfou, fabrique des chaussons en cuir végétal, sans chrome ni plastique, respectueux de l'environnement. Les modèles pour enfants (à partir de 40 €) colorés ou ornés de motifs animaliers sont joyeux, tout doux et raviront les plus petits ! Quelques modèles sont aussi conçus pour les adultes jusqu'à la taille 43.

Gkilford 39 • 2661 025 522 • www.corfoot.com • Lun.-sam. 9h-14h, 18h-22h.

Lazaris

Kumquat 2

Le kumquat est l'une des spécialités de Corfou. Sur l'île, plusieurs distilleries concoctent la liqueur dont raffolent les Corfiotes dans des cocktails. Les confitures et les petits gâteaux valent aussi le détour ! Cette boutique, inaugurée récemment dans l'une des rues commerçantes du centre de Corfou, propose aussi des cocktails à emporter (à partir de 5 €) et un sorbet mangue-kumquat succulent (2,50 € la boule).

Voulgareos 22 • 2661 181 001 • https://lazarisartisan.com • T.l.j. 9h-21h.

Myrto Zirini

Céramiques 3

Dans son atelier situé dans une maison historique du quartier de Mouragia qui longe la mer, Myrto Zirini fabrique des céramiques aux couleurs et aux formes épurées. Vous pourrez trouver des objets de la vie quotidienne, des assiettes, des bols, des lampes, tous confectionnés avec soin par l'artiste, qui organise également des *workshops* pour transmettre sa passion.

Arseniou 5 • 6973 923 198 • https://myrtozirini.gr • Lun. et mer. 11h-15h, mar. et jeu.-ven. 11h-19h.

encadré partenaire

Divani Corfu Palace

Sur la presqu'île de Kanoni, dans un havre de verdure près du palais de Mon Repos (p. 34), cet établissement offre un service irréprochable. Le personnel est aux petits soins, souvent francophone. Une petite corbeille de fruits et une bouteille de vin vous attendent à votre arrivée dans la chambre. La piscine extérieure, qui surplombe les eaux cristallines du lagon permet un vrai moment de détente. Les salons et les terrasses du jardin, où vous pouvez petit-déjeuner ou dîner, sont très agréables. À seulement 3 km de Corfou, tout en profitant de la sérénité du lieu, vous pouvez visiter les sites les plus connus et déambuler dans les artères animées de la ville.

Nafsikas 20 • 2661 038 996 • https://divanicorfuhotel.com/fr • À partir de 130 €, petit déj inclus.

Ginger

Delicatessen 4

Dans cette échoppe près du marché central, vous trouverez des produits locaux biologiques de bonne qualité. Huile d'olive de Corfou, confiture ou liqueur à base de kumquat, épices, miel, tisanes, vous aurez l'embarras du choix ! Le propriétaire est toujours de bon conseil sur les meilleurs mets à goûter sur place ou à rapporter dans ses bagages.

Ioannou Theotoki 5 • 2661 305 654 • Lun.-sam. 8h30-17h30.

Patounis

Savons à l'huile d'olive 5

Chez Patounis, vous apprendrez tous les secrets de fabrication des savons à l'huile d'olive ! La savonnerie, seule survivante en Grèce de cette industrie, fonctionne depuis 1891 ! Des visites sont organisées en anglais tous les midis. Vous pourrez glisser dans vos valises des savons pour les mains, pour le corps, ou encore une lessive maison très efficace contre les taches tenaces.

Ioannou Theotoki 9 • 2661 039 806 • www.patounis.gr • Lun.-sam. 9h30-14h.

Salty Bag

Sacs 6

À Corfou, ce magasin innove de manière responsable et recycle les voiles de bateaux pour en faire des sacs à main, des sacs banane, des portefeuilles ou des cabas. Les créations originales ont des couleurs marines et invitent au voyage.

Erotokritou Moraiti 14 • 2661 081 770 • https://saltybag.com • Lun.-ven. 9h-17h • Sacs à partir de 60 €.

Activités Détente

Corfu Music Experiences

Tour musical

Sofia Spinoula, musicienne professionnelle, organise au Corfu Sailing Restaurant (p. 35) des concerts qui permettent de visiter le Vieux Fort (p. 28). Les orchestres corfiotes qui s'y produisent jouent de la musique traditionnelle, des chansons plus modernes ou du jazz. Deux tours sont prévus entre début juin et fin septembre : l'un sur la musique corfiote, l'autre sur le jazz. Sofia vous dira tout sur l'île qui a accueilli le premier opéra en Grèce !

https://corfumusicexperiences.com • welcome@corfumusicexperiences.com • Tour env. 21 € ; groupe 15 pers. maximum.

Les philharmoniques de Corfou

Concerts de musique classique

Dès leur plus jeune âge, les Corfiotes apprennent à jouer d'un instrument de musique dans l'un des 17 orchestres philharmoniques de l'île. En vous baladant dans Corfou, vous entendrez le son des répétitions. Lors des fêtes religieuses, mais aussi tout au long de l'année, en particulier le week-end, les orchestres organisent des concerts. Un vrai plaisir !

Nikiforou Theotoki 10 • 2661 039 289 • Programmation sur le site du plus ancien groupe philharmonique : www.fek.gr

Dreamland

Pêche en mer

Sur un petit bateau de pêche, partez pendant 6h au large. Vous poserez des lignes (tout l'équipement est fourni) et découvrirez aussi des plages isolées, accessibles uniquement en caïque. Durant le trajet, vous dégusterez un bon repas à base de votre pêche et d'autres mets arrosés d'ouzo ou d'un bon vin. L'ambiance est conviviale et vous laissera un souvenir mémorable, en particulier lorsque vous rentrerez au coucher du soleil et que vous longerez les abords de la ville de Corfou.

Dreamland Travel Agency • El. Venizelou 46A • 6986 034 878 (WhatsApp) • https://corfudreamland.com/excursions • Comptez 95 €/pers. depuis la ville de Corfou.

Corfu Outdoor

Circuits à vélo

Découvrir Corfou à vélo est une expérience unique : sa nature sauvage, ses villages traditionnels hors des sentiers battus... Le club Corfu Outdoor propose notamment une balade (4h) au milieu des oliveraies et des villages les plus authentiques de l'ouest de l'île. Cycle Corfu vous emmène sur le mont Pantokrator ou dans le nord-est pour découvrir les falaises de Peroulades, l'un des spots les plus prisés de l'île pour observer les plus beaux couchers de soleil.

Corfu Outdoor • Ano Korakiana • 6945 595 934 • https://corfuoutdoor.com • Tour 60 €.

Cycle Corfu • Acharavi • 2663 064 115 • www.cyclecorfu.com/corfu-bike-tours • Tour 60 €; location de vélo électrique 12 €.

Corfood Bites

Cours de cuisine

Christos vous accueille dans sa maison pour vous transmettre les meilleures recettes de cuisine grecque, saupoudrées de son délicieux humour. Vous choisirez dans son potager les légumes à mijoter, puis, équipé d'un tablier rouge, vous suivrez ses instructions dans sa cuisine extérieure. Au menu, selon la saison et les envies du chef : tzatziki, *saganaki* (fromage frit), salade de haricots, aubergine fondante au four, gâteau à l'orange... Le cours (en français) se conclut par un succulent repas partagé avec le groupe, l'occasion de belles rencontres !

Agra • 6983 340 129 • www.corfoodbites.gr • Groupe de 9 pers. max; 75 €/pers.

LES ACTIVITÉS LES PLUS FUNS POUR LES KIDS

Balade dans la nature à pied ou à cheval, tour en bateau, activités nautiques, découverte des fonds marins ou parcours interactif pour découvrir l'histoire de Corfou… L'île regorge d'activités qui plairont aux plus jeunes visiteurs ! Voici notre sélection pour passer des journées amusantes en famille.

Parc aquatique

Toboggans, piscine à vagues, aire de jeux pour les plus petits… Pas besoin d'en dire plus pour convaincre vos enfants de venir passer une journée dans ce parc !

Voir p. 84, Agios Ioannis, Centre de Corfou.

Aquarium

Les *kids* seront ravis de voir les espèces de poissons et de reptiles qui se cachent sur l'île. Le clou du spectacle : le tour en bateau qui, avec sa vitre transparente, permet d'observer les fonds marins.

Voir p. 70, Paleokastrítsa, Nord-Ouest de Corfou.

Casa Parlante Museum

Transportez vos bambins dans un voyage dans le passé, au XIXe s. plus précisément. Ils adoreront cette visite interactive !

Voir p. 29, Corfou ville.

Corfu Donkey Rescue

Dans ce refuge où des centaines d'ânes ont été sauvés, les petits amoureux de la nature seront comblés.

Voir p. 74, Doukades, Nord-Ouest de Corfou.

Faire un tour de bateau à moteur

Se prendre pour un pirate qui arpente le Nord-Ouest de l'île plaira aux aventuriers en herbe ! Et en plus, toute la famille pourra se délecter des eaux translucides et des belles criques.

Voir p. 60, Kalámi, Nord-Est de Corfou.

Baie de Kalámi, dans le Nord-Est

LES ÎLES IONIENNES ET L'INFLUENCE ITALIENNE

Corfou, qui fait partie de l'archipel des îles ioniennes, est la plus proche de l'Italie. Elle fut longtemps un lieu de convoitise, étant une étape sur la route du Levant. La présence vénitienne, qui a duré plus de quatre siècles, a marqué durablement l'architecture, les coutumes et la culture corfiotes.

Quatre siècles d'occupation vénitienne

Les îles ioniennes, situées à l'ouest du continent grec, ont été conquises par la sérénissime république de Venise à partir du XIIIe s. La « Cité des Doges » s'empare de Corfou en 1386. L'île devient une terre agricole indispensable aux Vénitiens qui plantent des **oliviers par milliers** et des plants de tomates.

Durant le XVe s., Corfou résiste aux multiples **attaques des Ottomans** qui ont maintes fois essayé de prendre cette île au positionnement des plus stratégiques sur la route entre l'Orient et l'Occident.

À cette époque, plusieurs forteresses, comme celles de Gardiki ou celle de la baie de Corfou, sont construites pour protéger les habitants de toute invasion.

L'archipel demeure sous **domination vénitienne jusqu'en 1797**, année de la dissolution de la république de Venise par Napoléon Bonaparte.

De la domination française à l'indépendance

Les îles ioniennes passent alors quelque temps sous **administration française**, qui abolit notamment le système féodal et octroie les mêmes droits aux Juifs de Corfou.

À la suite de la défaite de Napoléon en Méditerranée, les alliés russes, turcs et anglais deviennent les nouveaux occupants de l'île en 1799. Les troupes napoléoniennes reviennent ensuite de 1807 à 1814. Puis un **protectorat britannique s'impose jusqu'en 1864** : de nombreux lords débarquent alors à Corfou et tombent sous le charme des lieux. En 1864, les îles ioniennes sont rattachées au nouvel **État grec indépendant.**

Avec l'invasion de la Grèce par l'Italie en 1941, Corfou passe sous contrôle de l'armée fasciste de Mussolini qui veut en faire une île italienne. Mais, en 1943, les nazis débarquent et mettent fin à ce rêve. Environ 2 000 Juifs sont déportés et meurent à Auschwitz.

Vieille ville de Corfou

Influences culturelle et gastronomique

Les îles ioniennes n'ont pas été conquises et occupées pendant quatre siècles par les Ottomans, contrairement à la plupart des autres parties de la Grèce. L'**influence italienne** se retrouve dans plusieurs traditions, comme celles du carnaval ou de la Pâques orthodoxe, dont les Vénitiens ont modifié les habitudes grecques issues de l'Antiquité.

Les paysages et l'architecture rappellent aussi la Toscane : oliviers, cyprès, pins côtoient des édifices aux tons pastel. Les Corfiotes parlent un **dialecte local** imprégné de mots italiens et d'un accent plus chantant que dans le reste de la Grèce. Par exemple, ils utilisent le mot *canto* pour chanson, *nona* pour grand-mère ou *capo* pour désigner le chef de famille.

La cuisine est aussi largement inspirée des **recettes italiennes** ; les pâtes en tout genre figurent toujours dans les menus. L'**opéra** et la **musique classique** font aussi partie intégrante de la culture des Corfiotes, qui apprennent à jouer d'un instrument dès leur plus jeune âge (p. 43). L'ancien opéra de Corfou (« *la loggia* » sous l'occupation vénitienne), a été transformé en hôtel de ville en 1903. La première école de musique de Grèce a, elle, été créée sur l'île par Nikólaos Mántzaros, le compositeur de l'hymne national grec. ■

FAIRE DE LA RANDONNÉE À CORFOU

Amateurs de randonnée, vous ne serez pas déçus! Corfou regorge de promenades variées, pour tous les niveaux. Entre le Nord et sa nature foisonnante, et le Sud, plus aride, où les dunes de sable se mêlent à des lacs ou des marais salants, les paysages sont plus étonnants les uns que les autres.

Se renseigner sur les sentiers

Les sentiers sont en général bien balisés puisque, en 2001, un tracé de 220 km, le « **Corfu Trail** » (www.thecorfutrail.com), a été réalisé. Le **parcours traverse toute l'île**, de Kavos, à la pointe sud de Corfou, jusqu'à la plage Agios Spiridon, à l'extrémité nord-est de l'île.

Il est important de se doter d'une bonne carte. Les plus fiables sont publiées par l'éditeur grec **Anavasi** (www.anavasi.gr). La carte papier que vous trouvez en librairie, en Grèce, coûte 8,50 €, mais vous pouvez aussi l'obtenir sur votre smartphone pour 5 €. Après avoir téléchargé l'application Anavasi Mapp, la carte peut être utilisée même sans connexion internet.

Vous trouverez également les parcours des principales randonnées sur le site **Corfu Paths** (https://corfupaths.gr).

Autre façon d'en savoir plus sur les sentiers : prendre contact avec l'**association d'alpinisme et de randonnées de Corfou** (https://www.posk.gr) qui, durant toute l'année – sauf l'été –, organise des excursions les week-ends. Le site n'est pour l'instant disponible qu'en grec, mais on vous répondra par mail ou téléphone en anglais (poskerkyras@gmail.com ; ☎6980 944 576).

L'agence de voyages **Apergi**, située dans la ville de Corfou, organise quant à elle des séjours, hébergement compris, pour pratiquer la randonnée (www.aperghitravel.gr/en/corfu-trail/).

Corfou, le parfait départ de randonnée

Sur les sentiers de Corfou

Des balades pour tous les goûts

Les meilleures périodes pour marcher sont **l'automne et le printemps.** L'été, si vous vous aventurez malgré la chaleur, pensez à vous équiper d'un chapeau, de crème solaire et d'eau. Et bien sûr, les **chaussures de marche** sont indispensables : les chemins sont souvent rocailleux et glissants !

Le **nord de l'île** s'y prête tout particulièrement, plus boisé et fleuri que le sud. Y randonner en été est aussi préférable car il y a plus d'ombre que dans la partie sud. Depuis le village vénitien abandonné du Vieux Perithia (p. 53), vous pouvez par exemple vous rendre au monastère de Pantokrator (2h A/R, p. 54). La vue depuis le sommet est unique et la nature foisonnante !

Une région idéale pour marcher est celle d'**Erimitis**, une zone préservée qui permet à la fois de profiter des chemins creusés au milieu de la végétation typiquement méditerranéenne et de piquer une tête dans les petites criques entre Agios Stefanos et Avlaki (p. 53).

Plus au sud, les promenades près du **lac de Korission** (p. 88) vous donnent l'occasion d'observer les **flamants roses, les pélicans et autres oiseaux migrateurs**. La flore y est aussi exceptionnelle, avec des orchidées rares. Vous pouvez partir de la station balnéaire d'Agios Giorgios, suivre la plage d'Issos entre les dunes de sable et la forêt de cèdres jusqu'à la longue plage d'Halikounas.

À l'extrême sud, l'une des randonnées phares est celle qui part de **Kavos** pour rejoindre le **monastère abandonné Arkoudilas** et sa très belle plage sauvage, accessible à pied uniquement (p. 96). ■

LE NORD-EST, AUTHENTIQUE ET PRÉSERVÉ

2

La côte nord-est de Corfou est parsemée de petites criques aux eaux cristallines et de villages de pêcheurs au charme bucolique. Dominée par le mont Pantokrator, le point culminant de Corfou, cette partie de l'île offre la perspective de belles randonnées dans la nature. Parmi les incontournables, ne manquez pas le romantique village abandonné du Vieux Perithia, perdu au milieu de la végétation, les hameaux de l'arrière-pays qui respirent l'authenticité, comme Nymfes, et bien sûr la région préservée d'Erimitis, qui fait face à l'Albanie.

Plage de Barbati

1 Danilia Village⁺⁺

Danilia est une reconstitution d'un village corfiote des années 1930, géré par le groupe hôtelier Grecotel. Plusieurs films et séries tels le James Bond *Rien que pour vos yeux* (1981) ou *La Folle Aventure des Durrell* (2016-2019) ont été tournés dans ce décor. Si l'ambiance peut sembler surfaite, un petit musée intéressant, qui regroupe de vieux outils agricoles, des objets et des costumes d'époque, se cache au premier étage d'une bâtisse près de l'unique place, où se trouvent également un café et un restaurant.

Gouvia, Kira Chrisikou • ☎2661 091 345 • www.grecotel.com/greece-destinations/corfu/danilia-village.html • Mai-oct., t.l.j. 10h-19h; le reste de l'année, sam.-dim. uniquement • 10 €.

2 Barbati⁺⁺

Avec sa magnifique plage bordée d'une eau turquoise, le village côtier de Barbati invite à la baignade. Assez touristique en été, son long ruban de petits galets blancs et lisses est propice à de multiples activités nautiques. C'est aussi là que naît la région du nord-est. Le site promet une vue spectaculaire sur la côte albanaise, qui déploie de beaux dégradés de vert, entre les oliveraies et les forêts, sources de fraîcheur l'été. Les routes qui parcourent la région sont sinueuses et étroites mais, ponctuées de délicieuses petites criques, elles ne déçoivent jamais.

À 13 km au nord-est de Danilia Village.

3 Nissaki++

Envie de plonger dans des eaux translucides ? Nissaki, village balnéaire, est l'endroit parfait, et le point de départ de superbes virées dans la nature, sur les flancs du mont Pantokrator. Les membres de l'église principale du village, Agioi Pantes, célèbrent leur saint le 14 juin lors d'une fête *(panigiri)* incontournable, avec, au menu des festivités, musique et banquet. De Nissaki, vous pouvez rejoindre le village de Gimari pour admirer ses coquettes maisons de style vénitien. En chemin, vous trouverez plusieurs criques idéales pour la baignade : Kaminaki, Krouzeri et Agni, où se trouve une excellente taverne (p. 56).

Nissaki

Pause au bord de la mer : White House Restaurant (Durrell's House)

Un havre de paix dans la baie protégée de Kalámi ! Sur les transats, les balançoires ou sous la pergola ombragée, dans l'ancienne demeure de l'écrivain britannique Lawrence Durrell, le temps suspend son vol face à la mer. Certains clients arrivent par bateau et accostent le long du quai pour venir déguster des mets italiens ou grecs raffinés. Les prix sont un peu élevés mais on peut simplement y prendre un café ou se rafraîchir d'une limonade exquise aux fruits de la passion (6 €).

16 ***Kalámi • 2663 091 040 • www.thewhitehouserestaurant.gr • T.l.j. 9h-minuit • Plats 14-36 €.***

Depuis Nissaki : Kaminaki (7min en voiture, 40min à pied), Krouzeri (8min en voiture, 55min à pied), Gimari (10min en voiture, 1h15 à pied), Agni (12min en voiture, 1h20 à pied).

4 Kalámi+++

La baie protégée de Kalámi, entourée d'oliviers, de cyprès, et d'arbres bien verts, est très appréciée de la haute société anglaise. Pas étonnant, c'est ici que séjournaient les frères Durrell, Lawrence et Gerald, sont auteurs de différents romans qui se déroulent sur l'île. Parmi eux, la Trilogie de Corfou, qui raconte leur vie, a été adaptée en série télévisée (p. 54). La quiétude qui règne sur ce bout de littoral, la vue sur les côtes albanaises et la petite plage de galets blancs en font un endroit à part. Depuis Kalámi, vous pouvez naviguer dans les criques avoisinantes en louant un petit bateau sans permis (p. 74).

À 9 km au nord-est de Nissaki.

5 Agios Stefanos Kassiopi✦✦✦

Blotti entre deux collines, ce petit village de pêcheurs tranquille est un bon point de chute pour se restaurer, boire un verre le soir face à la mer et surtout partir découvrir à pied la région préservée d'Erimitis. Le sentier démarre après la taverne Eucalyptus, au port. Depuis Agios Stefanos Kassiopi, explorez les criques sauvages de cette région en louant un bateau (p. 60).

À 8 km au nord-est de Kalámi.

6 Château de Kassiopi✦

Du haut de la bâtisse byzantine en ruine, la vue sur la baie de Kassiopi est un vrai ravissement ! Pour l'atteindre, peu d'efforts vous seront demandés : 30 min à peine du centre du village de pêcheurs, qui vous permettront en prime d'échapper à la foule l'été tout en profitant de la nature environnante. La forteresse servait à protéger l'île des invasions avant l'époque vénitienne à l'instar des châteaux de Gardiki ou Angelokastro (p. 69), dans d'autres régions de Corfou.

Au centre du village de Kassiopi
• Entrée libre

7 Vieux Perithia✦✦✦

Le Vieux Perithia (Palia Perithia), est un village vénitien abandonné, situé sur le versant nord du mont Pantokrator, à 450 m d'altitude,

Kalámi

et entouré de cyprès, de chênes et de prairies verdoyantes. On remonte le temps au cours de cette escapade. Grâce au tourisme, un hôtel, des tavernes comme O Foros (p. 56) et quelques boutiques ont ouvert, et les maisons en pierre ont été restaurées. On peut se promener autour du village et suivre les panneaux jusqu'aux ruches de l'apiculteur Siriotis (p. 59).

À 20 km à l'ouest d'Agios Stefanis Kassiopi.

8 Mont Pantokrator✦✦✦

Le plus haut sommet de l'île (906 m d'altitude) offre une vue majestueuse allant des côtes

Vue du mont Pantokrator

albanaises jusqu'à la Céphalonie. À son point culminant se trouve un monastère du XVIIe s. aujourd'hui inhabité, hormis le 6 août de chaque année, lorsqu'un *panigiri*, grande fête traditionnelle, y est organisé en son honneur. Les alentours du mont Pantokrator, sauvages et dotés d'une riche végétation, sont surtout un paradis pour les amoureux de la nature et de la randonnée. Depuis Spartilas, vous pouvez démarrer votre ascension jusqu'au monastère en passant à travers des oliveraies millénaires et une forêt méditerranéenne.

Randonnée Corfu Paths CC18 • 6h (A/R), pour marcheurs aguerris équipés de bonnes chaussures • https://corfupaths.gr

Les Durrell

Les deux frères et écrivains britanniques Lawrence (1912-1990) et Gerald (1925-1995) Durrell ont vécu à Corfou avant la Seconde Guerre mondiale. Pour eux, l'île ionienne est devenue une source d'inspiration et un paradis.
Gerald Durrell évoque la vie de sa grande famille et de son enfance sur l'île dans plusieurs romans, notamment dans le plus connu : *Ma famille et autres animaux*. Ils ont vécu dans le nord-est de Corfou, sauvage et calme.
Seule la White House (p. 51) à Kalámi, où ont habité Lawrence et son épouse pendant qu'il rédigeait *L'Île de Prospero*, peut être visitée car la demeure a été transformée en restaurant. En 2016, l'adaptation de l'épopée familiale en série, *La Folle Aventure des Durrell*, connaît un grand succès. Des tours sur les traces des deux auteurs sont désormais organisés (www.bluetours.gr/tours-and-activities/private-tour-in-the-footsteps-of-durrells-in-corfu).

9 Nymfes✦✦✦

Difficile de trouver à Corfou un village plus authentique que celui de Nymfes ! Sur la place principale, à côté d'un gigantesque platane, le café est le lieu de rencontre des habitants. Après une promenade dans les ruelles bordées de maisons de pierre d'époque, une visite aux cascades situées après le stade de foot s'impose (des panneaux indiquent le chemin). Selon la légende, les nymphes s'y baignaient ! Selon la saison, les cascades peuvent être asséchées, mais la nature flamboyante des environs promet toujours une excursion spectaculaire.

À 22 km à l'ouest de Vieux Perithia.

10 Agioi Douloi✦✦

Après la découverte de Nymfes, le village d'Agioi Douloi mérite lui aussi une halte. Des palais vénitiens envahis par d'immenses bougainvilliers et l'église du village avec son campanile rose confèrent au lieu un charme fou ! Un peu excentré, ne manquez pas la visite du monastère de femmes Pantokrator Karamelas, dont les sœurs vous accueillent chaleureusement… en dehors des heures de sieste (13h à 17h).

À 4,5 km à l'ouest de Nymfes.

Restos | Bars | Hôtels | Shopping | Activités

Restos Bistrots

Etrusco

Haute gastronomie 17

Considéré comme l'une des meilleures tables de Grèce, le restaurant tenu par le chef Ettore Botrini est élu depuis onze ans meilleur établissement de Grèce par le magazine grec *Athinorama*. Sa cuisine ionienne revisitée émerveille, et vous laissera un bon souvenir. Mais cette haute gastronomie a un coût. Pour une grande occasion, cela en vaut la chandelle !

Kato Korakiana • ☎ 6988 856 622 • https://etrusco.gr • Mai-oct., t.l.j. de 19h30 à minuit • Menu à la carte 130 €, menu découverte 175 €.

Agnadio

Vue panoramique 18

On y vient pour la vue spectaculaire sur la baie d'Ipsos, où eaux turquoise et nature dense se dévoilent tel un tableau vivant, mais aussi pour sa cuisine raffinée. Régalez-vous avec l'agneau cuit lentement et son couscous, les raviolis à la truffe ou la salade aux noix et aux figues. Le service et la présentation sont soignés. Un sans-faute pour cet établissement qui sort des sentiers battus.

Spartilas • 2663 092 295 • T.l.j. 11h-22h • Repas 15-20 €.

Taverna Agni

Taverne de poisson 19

Une taverne de poisson les pieds dans l'eau pour ravir les amoureux de bonne gastronomie et de paysages exceptionnels ! Le risotto aux crevettes ou le poulpe grillé font partie des spécialités du restaurant familial, qui accueille de plus en plus de monde l'été. Il faut absolument réserver ! De Kalámi (p. 52), 15 min de marche le long de la magnifique baie d'Agni suffisent pour s'y rendre.

Sur la plage, Agni • 2663 091 142 • https://tavernaagni.com • Mai-oct., t.l.j. 12h-23h • Repas 20-30 €.

Avlaki Seaside

Taverne de poisson 20

L'une des plus belles plages de l'île et une vue imprenable sur les lointaines montagnes de l'Épire… un rêve ! Adonis et Yannis, les deux frères qui tiennent la taverne, ne vous décevront pas. Ici, les produits sont ultrafrais et, pour les amateurs de poisson, c'est l'une des adresses inratables de l'île !

Sur la plage d'Avlaki • 2663 082 310 • https://avlakiseaside.com • Avr.-oct., t.l.j. 12h-23h • Repas env. 20 €.

O Foros

Restaurant authentique 21

Tables couvertes de nappes vichy multicolores, chaises en bois anciennes, terrasse ombragée par une abondante végétation… l'ambiance rustique de cette taverne au cœur du pittoresque village du Vieux Perithia (p. 53) vaut le détour. On y sert de généreux plats typiquement grecs et corfiotes : moussaka, boulettes de viande, coq à la sauce tomate… Et pour terminer le festin sur une note sucrée, ne manquez pas le gâteau à l'orange ou les glaces faits maison !

Vieux Perithia • 695 595 0459 • T.l.j. 10h-23h • Repas 10-15 €.

O Foros

O Prasinos

Restaurant champêtre

22

Une adresse authentique où les habitants aiment papoter et se retrouver autour de grillades, de souvlaki et de salades généreuses. Les spécialités de cette taverne : les viandes au barbecue, ou le porc et l'agneau cuits à la broche ! En été, il n'est pas rare de profiter de concerts de musique grecque. Si vous explorez cette belle région sauvage, *O Prasinos* (« le vert » en grec), est un bon choix pour se restaurer et s'imprégner de l'ambiance corfiote.

Place centrale, Nymfes • ☎2663 094 101 • T.l.j. 12h-minuit; hors saison w.-e. slt • Repas 10-15 €.

Bars, clubs Sorties

Piedra del Mar

Beach bar

8

Le décor africain nous fait voyager et la musique lounge en journée, allongé sur un transat face à la mer, nous apaise. Mais en soirée, l'ambiance devient explosive ! Les meilleurs DJ et groupes de Grèce et d'ailleurs viennent se produire ici l'été. Les cocktails sont concoctés par des mains de maîtres. Piedra del Mar est une valeur sûre pour s'amuser sur l'île depuis plus de 15 ans !

Barbati • 2663 091 566 • www.piedradelmar.gr • Début mai-mi-oct. T.l.j. 10h-minuit.

Wave Bar

Bar au bord de l'eau 9

Que ce soit pour écouter le clapotis des vagues dans le petit port d'Agios Stefanos Kassiopi (p. 53) ou vous trémousser sur une musique entraînante le soir, le Wave Bar ne vous décevra pas, quelle que soit l'heure de la journée ! Après une balade et une baignade dans les criques de la région d'Erimitis, rien de tel qu'une pause dans cet établissement à l'ambiance chaleureuse.

Agios Stefanos Kassiopi • https://wavebar.gr • 6944 908 983 • Avr.-oct., t.l.j. 9h-2h • Cocktail env. 10 €.

Hôtels B&B

Hotel Bella Mare

Maisonnettes de luxe

Ces maisonnettes blanches, décorées sobrement mais avec goût, donnent sur l'une des plages les plus paisibles de Corfou, Avlaki. Au milieu d'un jardin bien entretenu avec de grands palmiers, la piscine et les espaces extérieurs sont un pur bonheur ! Spa, excursions, planche à voile ou promenade à cheval, l'hôtel vous propose un vaste choix d'activités dans les alentours. Prudence, l'été, l'établissement privilégie les longs séjours et il est vite complet. Pensez à réserver !

Avlaki • 2663 081 997 • www.belmare.gr • À partir de 130 €.

Limani Apartments

Petit budget

Nichés au cœur du village de pêcheurs de Kassiopi (p. 53), ces petits appartements simples mais confortables, tenus par une famille accueillante, sont une solution peu onéreuse pour séjourner dans la région. Les chambres disposent aussi de deux vrais avantages : un petit balcon, d'où vous pourrez admirer un joli coucher de soleil, et une piscine très agréable pour vous détendre après une journée de marche.

Kassiopi • 6977 367 981 • De 40 à 70 €.

Shopping Cadeaux

Dr. Kavvadia's Organic Farm

Huile d'olive 7

Le Dr Kavvadia, chirurgien orthopédique ayant une passion pour les oliviers, vantait les bienfaits de l'huile d'olive à ses patients. Son petit-fils a repris la ferme et, depuis, leur huile d'olive bio a remporté de nombreux prix internationaux. Vous pouvez

Marina de Kassiopi

visiter l'exploitation et apprendre à déguster l'huile d'olive. Vous pouvez aussi séjourner dans l'une des deux maisons de la ferme, à la déco soignée, au cœur d'un lieu calme et bucolique !

Tzavros • 6944 683 599 • www.drkavvadia.com • Mai-oct., lun.-ven. 9h–17h • Visite et dégustation (1h30) 20 €.

Mavromatis Kumquat

Kumquat 8

Depuis 1965, la famille Mavromatis fabrique des produits à base de kumquat, un fruit particulièrement apprécié sur l'île depuis que les Anglais l'ont introduit à la fin du XIXe s. Liqueurs, cookies, confitures, il y en a pour tous les goûts ! Des visites de l'usine sont organisées en été et à la demande. Un magasin vend aussi les produits dans le centre-ville de Corfou (Michail Theotoki 9).

Skripero • 2663 022 174 • https://kumquat.gr • Lun.-sam. 9h–14h.

Siriotis Family Honey Shop

Miel 9

La famille Siriotis produit du miel localement, issu de ruches installées un peu en dehors du village. Elle organise même des tours pour les curieux qui veulent tout apprendre sur la fabrication du miel. Dans la coquette boutique située à côté des tavernes, du miel, mais aussi des savons et des bougies à partir de miel sont fabriqués avec amour par Madame Siriotis.

Vieux Perithia • ☎6932 537 575 • Mars-oct., t.l.j. 10h-22h.

Activités Détente

Corfu Herbs

Découvrir les herbes sauvages

Depuis plus de dix ans, Eleni Christoforatou donne des cours sur les herbes médicinales et leurs bienfaits. Passionnée, elle organise aussi des tours au sein de la nature verdoyante de l'île, dont la biodiversité est exceptionnelle, et enseigne comment reconnaître les plantes que l'on peut utiliser pour cuisiner, guérir un rhume ou une blessure. Corfou posséderait plus de 1 400 espèces de plantes et de fleurs, notamment des orchidées rares endémiques.

Korakiana • https://corfuherbs.com

The White House

Explorer les criques

Louer un bateau à moteur sans permis à Kalámi, Nissaki ou Agios Stefanos Kassiopi vous permettra de voguer de crique en crique, mais aussi d'explorer la région d'Erimitis, inaccessible en voiture. Les prix se valent d'un loueur à l'autre : compter 80 € la journée, auxquels il faut ajouter l'essence (environ 20 € pour des distances raisonnables). Si vous n'êtes pas très à l'aise avec l'idée de piloter, les loueurs vous proposeront un petit cours rapide pour vous initier au maniement de la barre.

The White House (p. 51), à Kalámi • ☎2663 091 441 • www.thewhitehouse.gr • Mai-oct.

Plusieurs loueurs également dans le petit port d'Agios Stefanos Kassiopi : San Stefano Boats • ☎2663 081 335 • www.sanstefanoboats.com • Mai-oct.

Horse Riding Corfu

Galoper en pleine nature

À Corfou, plusieurs clubs permettent de se promener à cheval, même si vous êtes débutant. Près du Vieux Perithia (p. 53), Katerina et Ilias proposent des excursions toutes plus alléchantes les unes que les autres : galoper sur la plage d'Almyros, se baigner, puis rejoindre le village abandonné du Vieux Perithia ; découvrir la réserve naturelle du lac Antinioti, riche en flore et en faune… Pour les moins expérimentés, un tour de 1h avec des moniteurs attentifs et sympathiques est à la carte.

Saint-Spyridon, Perithia • www.horseridingcorfu.com • ☎6987 337 101 ou ☎6984 686 774 • T.l.j. 9h-13h et 17h-21h • Tours 1h, 20 €; 2h, 30 €; 1h au coucher du soleil 35 €. Excursions ½ j. 60 €; journée entière 150 €.

NOS BOUTIQUES GOURMANDES FAVORITES

L'île de Corfou est réputée pour sa gastronomie, intéressant mélange de cuisines italienne et grecque et d'influence anglaise. Les produits du terroir, souvent biologiques, sont de qualité. Vous pouvez visiter plusieurs fermes et domaines et tout apprendre sur la fabrication de l'huile d'olive, du vin ou du miel.

The Governor

Coup de cœur pour cette visite guidée organisée autour de la fabrication de l'huile d'olive. Le nectar produit ici, récompensé à l'international, assaisonnera parfaitement vos salades et vos plats !

Voir p. 96, Agios Matheos, Sud de Corfou.

Mavromatis

Le kumquat est le fruit favori des Corfiotes depuis que les Anglais l'ont introduit sur l'île au XIXe s. Liqueurs, cookies, confitures, tout est excellent chez les Mavromatis !

Voir p. 59, Skripero, Nord-Est de Corfou.

Ambelonas

Dans cette magnifique ferme, vous pouvez visiter les vignobles, goûter l'huile d'olive, et même suivre des cours de cuisine avec les légumes du potager !

Voir p. 79, Centre de Corfou.

Domaine de Pontiglio

Que diriez-vous de goûter aux vins produits à partir de variétés de raisins spécifiques à l'île de Corfou ? À la fin de la dégustation, vous n'aurez qu'une envie : repartir avec une bouteille !

Voir p. 95, Karoumpatika, Sud de Corfou.

Siriotis Family Honey Shop

Dans le cadre bucolique du Vieux Perithia, vous apprendrez tout sur le miel concocté par la famille Siriotis. La vue depuis les ruches sur la montagne est splendide !

Voir p. 59, Vieux Perithia, Nord-Est de Corfou.

Shopping à Corfou

RANDONNÉE DANS LA RÉGION D'ERIMITIS

C'est l'une des rares côtes de Corfou qui n'a pas été altérée par le développement touristique, malgré les tentatives de promoteurs immobiliers. Reliant le petit port d'Agios Stefanos à la plage idyllique de galets blancs d'Avlaki, ce chemin vous fait parcourir une magnifique végétation méditerranéenne ponctuée des lacs sauvages de Vromolimni et Akoli. En bonus : la vue spectaculaire sur les côtes albanaises situées à seulement quelques kilomètres.

Agios Stefanos

Le sentier démarre dans le port pittoresque d'Agios Stefanos, où les voiliers et les caïques se blottissent à l'abri du vent. Avant de démarrer la randonnée, assurez-vous de prendre de l'eau, de la crème solaire, un chapeau et éventuellement un pique-nique. Une supérette à Agios Stefanos dispose de tout ce dont vous aurez besoin.

Tout au bout du village, à gauche en regardant la mer, après le **restaurant Eucalyptus**, un sentier avec des petites pierres blanches monte et traverse une forêt méditerranéenne de houx, d'oliviers et de genévriers.

Sentier près d'Agios Stefanos

De l'autre côté du rivage, vous observez à seulement quelques kilomètres les **côtes albanaises.** Pensez à désactiver le *roaming* (mode itinérance) de votre téléphone portable, car vous risquez de capter le réseau albanais !

Au bout de seulement quinze minutes de marche avec un faible dénivelé, vous arrivez sur une première plage de petits galets blancs. Vous pouvez vous y arrêter pour une baignade ou continuer vers des plages encore plus belles un peu plus loin.

Les lacs de Vromolimni et Akoli

Tout au long de cette randonnée, vous allez traverser sept plages successives, donc dès que vous êtes fatigué ou que vous sentez le besoin de vous rafraîchir dans la mer, vous pouvez faire une pause !

Plage d'Akoli

Vous passez par le lac sauvage de **Vromolimni**, qui abrite des loutres, des amphibiens et des oiseaux migrateurs rares. Toute la baie est aussi un lieu apprécié des phoques moines de Méditerranée.

Après environ 30 min de marche d'Agios Stefanos, vous arrivez sur la plage magnifique d'**Akoli**, une longue étendue de galets blancs coincée entre un lac sauvage et la mer aux couleurs turquoise et émeraude.

INFORMATIONS PRATIQUES

- **Départ et arrivée :** départ du petit port d'Agios Stefanos après le restaurant Eucalyptus jusqu'à la plage d'Avlaki.
- **Durée :** env. 1h30
- **Balisage :** facile, il suffit de longer la côte.
- **Distance :** 4 km.
- **Dénivelé :** env. 50 m.
- **Difficulté :** facile, mais il est utile d'avoir de bonnes chaussures car le sentier peut être glissant.

Avlaki

Après la plage d'Akoli, vous allez vous engouffrer, en suivant le chemin à gauche, dans une forêt épaisse où vous profiterez d'une belle ombre agréable lorsque les températures sont élevées. Vous pouvez bifurquer pour lézarder sur la plage désertique d'**Arias**, bordée de végétation dense.

Après une heure et demie de marche tranquille, vous descendez vers la **baie d'Avlaki**, l'un de nos spots favoris, apprécié des familles et des amateurs de voile.

À **Avlaki**, vous trouverez de bonnes tavernes pour vous restaurer. Si vous n'avez pas le courage de faire le chemin inverse à pied, vous pouvez prendre un taxi qui vous déposera à Agios Stefanos en moins de 10 min ou tenter le stop. ■

UNE NATURE À PRÉSERVER

Face à l'afflux touristique et au changement climatique, la nature foisonnante de Corfou est mise à rude épreuve. Couverte d'oliviers, de cyprès et de genévriers, refuge pour de nombreuses espèces d'oiseaux, de reptiles et de cétacés, l'île a toujours été encensée par les écrivains pour ses paysages verts exceptionnels. Parmi ses surnoms, l'« île émeraude » ou l'« île jardin » désigne parfaitement Corfou.

Une riche biodiversité

Corfou présente un éventail de paysages sublimes. Les plaines du centre de l'île, envahies par plus de 4 millions d'oliviers, parfois centenaires, mais aussi des citronniers, des cyprès et des vignes, laissent la place au nord à des forêts méditerranéennes et des vallées peuplées de chèvres et de moutons. Au sud, au niveau du **lac de Korission** (p. 88) ou des marais salants de **Lefkimmi** (p. 91), plus de 150 espèces d'oiseaux – notamment des ibis, des hérons, des cormorans, des flamants roses, des martins-pêcheurs – trouvent un abri loin des touristes. Au large de Corfou, les baleines à bec de cuvier, les cachalots et les dauphins s'amusent souvent à surprendre les plaisanciers qui se baladent en voilier.

Le microclimat de l'île, doux mais pluvieux en hiver et ensoleillé le reste de l'année, est aussi idéal pour les 400 différentes **fleurs sauvages** qui parsèment les campagnes. Au printemps, des anémones sauvages, des géraniums, des marguerites et des lupins tapissent les champs. Sans oublier les **orchidées** ! Il en existe 36 espèces différentes ; la plus rare, l'*Orchis palustris*, peut être admirée autour du lac de Korission. À l'automne et en hiver, les cyclamens, les crocus et les perce-neige sauvages nous émerveillent.

De nombreuses menaces

Mais face à la **surfréquentation touristique**, aux développements urbanistiques et au réchauffement climatique, cette nature étonnante est menacée. Depuis 2012, les habitants et amoureux – parmi lesquels figure la famille Rothschild – de la région d'Erimitis, dans le nord-est de l'île, se battent pour la protéger du tourisme de masse et empêcher toute construction immobilière. Une partie des 150 hectares de cette zone sauvage appartient au fond de privatisation de la Grèce, établi lors de la crise financière sous la pression des créanciers

du pays (Fonds monétaire international, Banque centrale européenne et Union Européenne) afin de renflouer les caisses du pays, et devait être vendue pour la construction d'un hôtel de luxe. Face à la mobilisation des Corfiotes, le projet a été suspendu.

La région d'**Erimitis** abrite des **animaux rares**, comme des phoques de Méditerranée – une espèce en voie de disparition –, des loutres, ainsi que des dauphins et des baleines. Mais les incendies, de plus en plus fréquents en raison du **réchauffement climatique**, sont l'autre danger qui menace cette flore et cette faune remarquables. L'été 2023 a été marqué par des températures caniculaires inédites et des feux de grande ampleur. Le nord-est de Corfou a été touché fin juillet 2023 par des incendies, qui ont entraîné l'évacuation de plus de 2 500 personnes. Environ 1 500 hectares sont partis en fumée. Dans les hauteurs, près du Vieux Perithia, et sur la côte est, près de Kassiopi, le passage des flammes a laissé des traces.

LE NORD-OUEST SPECTACULAIRE

3

Le nord-ouest de Corfou est sans doute la partie la plus spectaculaire de l'île grâce à ses paysages variés et uniques. La baie de Paleokastrítsa, parsemée de petites criques aux eaux turquoise dans leur écrin de verdure, est impressionnante… mais bondée en été. Partez explorer les montagnes et découvrez des villages traditionnels plus calmes. Les falaises blanches sculptées par la mer près de Peroulades laissent sans voix et les couchers de soleil y sont parmi les plus beaux de Grèce. Enfin, que dire du lac de Korission ? Une oasis sauvage appréciée des oiseaux migratoires qui vous dépaysera à coup sûr!

Cap Drastis

① Le cap Drastis et le « canal de l'Amour »⁺⁺

Dans cette partie du nord-ouest de l'île, les falaises blanches se tordent en d'étranges formes sculptées par la mer au fil des années. Le paysage est étonnant et attire les foules au « canal de l'Amour », une ouverture dans la roche unique, véritable œuvre d'art naturelle taillée par le ressac de l'eau et le vent, et où, selon la légende, les amoureux qui s'y baignent connaîtraient l'amour éternel. On poursuit jusqu'au cap Drastis, à pied ou en voiture, en partant de Peroulades. La vue, quand le soleil disparaît sous l'horizon, est particulièrement saisissante ! Vous pouvez aussi choisir de faire une excursion en bateau à partir du canal de l'Amour.

À 42 km au nord-ouest de Corfou Ville.

2 Peroulades+++

Tout petit village, Peroulades tient sa réputation de ses impressionnantes falaises blanches de grès et de calcaire, rongées jour après jour par la mer et le vent, un événement géologique qui offre des paysages spectaculaires, parfois lunaires. Plusieurs beaux points de vue permettent d'observer parmi les plus beaux couchers de soleil de l'île. Ici, à la pointe nord-ouest, le soleil, en été et en automne, tombe littéralement dans l'eau. Si vous êtes chanceux, vous apercevrez le rayon vert, un phénomène optique rare, qui s'observe quelques secondes durant à peine, où le soleil devient un point vert au niveau de l'horizon.

À 1,5 km au sud de cap Drastis.

3 Agios Stefanos Avliotes++

À l'origine petit village de pêcheurs, Agios Stefanos s'est peu à peu transformé en station balnéaire – mais vous pouvez toujours vous procurer du poisson frais à la criée ! De ses hauteurs, s'offre un magnifique panorama sur les falaises blanches de la côte. Du port du village, vous pouvez aussi vous rendre à Ereikousa, Othonoi et Mathraki, les toutes petites îles en face. Préservées d'un tourisme envahissant, elles possèdent de très belles plages de sable.

À 6 km au sud-ouest de Peroulades.

4 Arillas+

La longue plage de sable d'Arillas est parfaite pour les enfants, avec

des eaux peu profondes. Une partie est semée de transats et de parasols, mais vous trouverez aussi de l'espace pour poser votre serviette. Dans le village, n'hésitez pas à visiter la brasserie officielle de la bière corfiote : la Corfu Beer Brewery (p. 87). Légère, elle s'adapte parfaitement aux températures de l'été grec.

À 2,5 km au sud d'Agios Stefanois Avliotes.

5 Afionas⁺⁺

Ce village perché sur une colline, dominant la célèbre plage de Porto Timoni, a des airs cycladiques. Perdez-vous dans les petites venelles bordées de maisons basses blanches, embellies de bougainvilliers et d'arbustes fleuris aux couleurs vives. Malheureusement, Afionas est devenu très touristique et il faut rester prudent face aux attrape-touristes et prix exorbitants !

À 3,5 km au sud d'Arillas. Parking payant et pratiquement obligatoire (5-8 €/h).

6 Plage de Porto Timoni⁺⁺⁺

C'est l'une des plages les plus connues de Corfou, une anse de sable fin qui apparaît au milieu d'une végétation abondante. Pour l'atteindre : une randonnée au dénivelé assez important. Vous pouvez aussi y accéder en bateau.

À 3,5 km au sud d'Afionas. Randonnée (40 min env.) au départ du village, suivre les panneaux. Accès en bateau de la plage d'Agios Georgios Pagon : 6953 094 419 • www.portotimoniboathire.com • 10 €/pers.

7 Agios Georgios Pagon✦

Agios Georgios Pagon est une baie en forme de fer à cheval. Sa plage de sable, qui semble infinie, se prête à des vacances familiales relaxantes. Les sports nautiques (p. 76) y sont développés et, surtout, vous trouverez d'excellentes tavernes à poisson, à l'image de la Fisherman's Cabin (p. 71).

À 6,5 km au sud-est de Porto Timoni.

8 Château d'Angelokastro✦✦

Perché à 300 m au-dessus de la mer, le « château des anges » mérite un détour pour le spectaculaire panorama qu'il offre sur la baie de Paleokastrítsa. Bâti sur un promontoire rocheux qui a de quoi donner le vertige, cet édifice byzantin du XIIIe s. était imprenable au temps des pirates et des Ottomans !

Après le village de Krini, à 10 km au sud d'Agios Georgios Pagon • T.l.j. sauf mar. 10h-18h • Entrée 3 €.

9 Lakones✦✦

Niché au-dessus de Paleokastrítsa, à 182 m d'altitude, le village de Lakones dispose d'une vue imprenable sur la baie émeraude. Promenez-vous aussi dans les

Pause au bord de l'eau : La Grotta à Paleokastrítsa

Ce *beach bar* se blottit entre des falaises entourées de végétation. Après avoir descendu une centaine de marches, vous arrivez dans une baie protégée à l'eau turquoise. Juste à côté du ponton avec des transats, une grotte pleine de petits poissons et de coraux est un petit paradis pour les plongeurs ! Le soir, vous pouvez prendre un cocktail avec un fond sonore lounge. Les rochers sont illuminés, le paysage est envoûtant !

23 ***2663 041 006 • www.lagrottabar.com • Cocktail env. 10 €.***

ruelles du village, les maisons en pierre des XVIIIe et XIXe s. sont pleines de charme. C'est également un bon endroit pour déjeuner (p. 71) ou prendre un café (p. 73) et s'échapper de l'agitation de la baie de Paleokastrítsa.

À 3,5 km à l'est d'Angelokastro.

10 Baie de Paleokastrítsa✦✦✦

La beauté du paysage semble tout droit sortie de *L'Odyssée*! Six anses à l'eau turquoise et creusées de grottes cachées se succèdent. La végétation luxuriante dégringole dans la mer... grandiose! En haute saison, la baie attire beaucoup de touristes, mais à l'automne ou au printemps, c'est un vrai paradis. Sur la plage d'Agios Spiridon, vous pouvez monter sur un petit bateau et faire une excursion de 40 min pour y découvrir les grottes mystérieuses (15 €).

À 4 km au sud de Lakones.

Monastère de Paleokastrítsa

11 Aquarium de Corfou✦

Voici une activité ludique à effectuer avec les enfants, pour découvrir les quelque 70 espèces de poissons, reptiles et amphibiens qui peuplent les eaux de l'île. Des visites guidées en anglais sont organisées, suivies, si vous le désirez, d'un tour dans un bateau équipé d'une vitre en verre qui permet d'observer les fonds marins... au sec!

Paleokastrítsa • ☏2663 041 339 • https://corfuaquarium.com • Ouv. mars-oct. • Entrée 8 €. Visite guidée et tour en bateau 20 €, 13 € pour 4-12 ans.

12 Monastère de Paleokastrítsa✦✦✦

Le monastère, dont la blancheur toute... monacale tranche avec ses coupoles en tuiles rouge vif, surplombe toute la baie. La vue se mérite et elle vaut bien la petite ascension en voiture ou à pied. À l'intérieur, des cours fleuries se succèdent dans un cadre bucolique où il n'est pas rare de croiser des chats qui ronronnent au soleil. Un intéressant petit musée byzantin peut également être visité dans l'édifice.

Paleokastrítsa • ☏2662 041 210 • T.l.j. 7h-13h, 15h-20h • Entrée gratuite.

Restos Bistrots

Taverna Ilias

Grillades et cuisine grecque

24

Sous une pergola de vignes vous attend une terrasse agréable donnant sur un paysage verdoyant et vallonné. Sur place, Ilias vous régale de bonnes grillades, de plats cuisinés à base de produits frais et de son vin maison ! L'ambiance y est demeurée authentique, hors des sentiers battus. En contrebas du restaurant, des élèves jouent de la musique dans le bâtiment de la Philharmonie et vous pourrez profiter d'un concert gratuit.

Karousadhes • 693 401 6157 • T.l.j. 12-23h.

Fisherman's Cabin

Taverne à poisson

25

Les tables du restaurant aux nappes bleues font face à la mer et sont placées idéalement pour observer le coucher du soleil. À la nuit tombée, au son des vagues, la lune et les étoiles au-dessus de votre tête, le cadre est magique ! La spécialité ici, ce sont les *linguine* aux homards (65 €), mais si vous souhaitez opter pour un plat moins cher, laissez vous tenter par des poissons grillés, de la pieuvre ou des crevettes.

Agios Georgios Pagon • 6989 079 313 • T.l.j. 12h-23h • Fermé nov-avr • Repas 20 €.

Taverna Boulis

Vue panoramique

26

Quelle vue spectaculaire sur la baie de Paleokastrítsa depuis la terrasse de cette taverne ! On y déguste des plats grecs copieux (moussaka, grillade, boulettes de viande, feuilles de vigne farcies au riz…) et à des prix corrects. La taverne est familiale et l'accueil est tellement chaleureux que cela vaut la peine de faire quelques kilomètres depuis Paleokastrítsa pour venir y déjeuner.

Lakones • 2663 049 429 • T.l.j. 10h-23h • Repas env. 15 €.

Taverna Troumpeta

Produits du terroir

27

Dans le minuscule village du même nom, cette taverne typique dispose d'une grande terrasse ombragée où il est fort agréable de s'accorder une pause après une balade dans la montagne ou en revenant de Paleokastrítsa. Réputé parmi les Corfiotes, l'établissement familial sert une cuisine grecque à base de produits locaux de qualité. Goûtez aux boulettes de courgettes et feta, à la salade verte aux figues ou au lapin cuit aux petits oignons… Un régal !

Troumpetas • 2663 022 136 • T.l.j. 12h-23h30 • Repas env. 15 €.

Elisabeth's Taverna

Taverne traditionnelle 28

Dans le village pittoresque de Doukades, la taverne d'Elisabeth, toute simple en apparence avec ses quelques tables en terrasse, concocte des petites merveilles. On y prépare une cuisine corfiote authentique avec des produits locaux frais. Le *sofrito*, bœuf cuit dans une sauce au vin avec de l'ail et du citron, est l'une des spécialités de la maison.

Doukades • 2663 041 728 • T.l.j. 10h-23h (nov.-avr., le w.-e. seulement) • Repas env. 15 €.

Bars, clubs Sorties

7th Heaven Cafe

***Sunset* garanti !** 10

Surplombant la plage de Loggas et les falaises blanches de Peroulades, ce café est l'un des lieux les plus prisés de l'île pour observer un coucher de soleil inoubliable ! L'été, il faut absolument réserver pour s'assurer une place. Vous pouvez dîner ou tout simplement y boire un verre, mais dans ce cas-là, il faut venir tôt car les réservations ne sont que pour le restaurant.

Peroulades, plage de Loggas • 2663 095 035 • T.l.j. 16h-minuit • Cocktails env. 10 €.

Akrotiri Café

Vue panoramique 11

L'un des plus beaux couchers de soleil de Corfou ! De la terrasse du café, le spectacle sur les hauteurs d'Agios Stefanos vous envoûte dès que le soleil plonge dans la mer et colore les falaises d'un ocre enchanteur. Pour vous offrir ce point de vue idéal, dirigez-vous vers la plage d'Arillas, puis empruntez la route à droite qui monte vers une colline. Sur place, cocktails et cuisine raffinée à des prix corrects.

Agios Stefanos • www.akrotiri-cafe.com • T.l.j.·9h-23h • Fermé de nov à avril • Cocktail 8 €.

Seacret Cafe

Beach bar 12

Situé à la sortie de l'Aquarium (p. 70), le café dispose de chaises longues très agréables. Un jus d'orange frais, un café ou une glace, c'est l'occasion d'une pause après une visite dans la région. La baie de Paleokastrítsa (p. 70), bien protégée et encadrée d'une végétation luxuriante, se prête parfaitement aux photos et à la baignade.

Paleokastrítsa • https://corfuaquarium.com/seacret-cafe • Avr-oct., t.l.j. 10h-20h en saison • Pour 10 € de conso, les chaises longues sont accessibles.

Bakalokafeneio – Michalas Kostas

Vue panoramique 13

Une terrasse ensoleillée avec une vue plongeante sur la baie de Paleokastrítsa, un rêve ! Dans cette petite épicerie-boulangerie dotée d'un coin café, les gâteaux et les feuilletés sont succulents. Au gré des envies de la propriétaire, les recettes changent mais la bougatsa, ce feuilleté sucré rempli de crème de lait, est à ne pas manquer s'il est sur la carte du jour !

Lakones • 6974 273 562 • T.l.j.·8h-21h30 • Café 2-3 €.

Hôtels B&B

Villa de Loulia

Manoir d'époque

Cette villa rose construite en 1803 est classée monument historique. Récemment restaurées, ses neuf chambres à la déco simple et aux meubles anciens posés contre des murs pastel ont chacune leur charme. Autour de la piscine, vous pourrez prendre un petit déjeuner somptueux à base de produits locaux. La plage de Loggas, réputée pour ses beaux couchers de soleil, n'est qu'à 10 min à pied.

Peroulades • 2663 095 394 • https://villadeloulia.gr • De 115 à 145 €.

Zefiros Hotel

Face à la plage d'Agios Spiridon, cette coquette bâtisse rose dispose de onze chambres, simples mais bien rénovées et confortables. Vous pouvez vous baigner au pied de l'hôtel puis visiter la baie de Paleokastrítsa (p. 70). L'ambiance est familiale et le petit déjeuner excellent – fruits frais, marmelades faites maison, omelettes...

Paleokastrítsa • 2663 041 244 • https://zefiroscorfuhotel.gr • De 85 à 120 €.

Shopping Cadeaux

The Art of Olive Wood

Bois d'olivier 10

Kostas Avlonitis cultive ses oliviers, produit de l'huile d'olive et travaille aussi le bois. Dans son atelier, les créations sont toutes incroyables : petits bols, porte-crayons, ouvre-bouteille, sous-plat... Vous pouvez aussi acheter son huile d'olive biologique. Grand bavard, Kostas aime partager ses connaissances et son amour pour Corfou. En partant d'Afionas, sur la route Agros-Peroulades, vous trouverez son atelier au milieu des oliviers.

Armenades • 6982 453 003 • www.olive-wood.gr/corfu • Lun.-sam. 11h-20h.

Au Corfu Donkey Rescue

Choe Candles

Bougies 11

Eleni et Spiros Moumouris fabriquent des bougies de manière artisanale et respectueuse de l'environnement, dans leur atelier situé au cœur du pittoresque village de Kanakades. Toutes les senteurs font référence aux parfums de la nature méditerranéenne – mais aussi des fruits et des herbes propres à Corfou. Une belle découverte.

Kanakades • 6957 348 447 • https://choecandles.com/thevillage • Lun.-sam. 8h30-16h30.

Activités Détente

Corfu Donkey Rescue

Ânes en détresse

Depuis 2004, ce refuge a sauvé plus de 500 ânes ! Il y a encore quelques années, nombre d'entre eux étaient vendus à des abattoirs en Italie ou utilisés jusqu'à épuisement pour transporter des touristes. Ce lieu permet de secourir les animaux qui souffrent et de leur offrir une douce retraite. Situé dans la montagne, au milieu des oliviers, au-dessus du village de Doukades, ce refuge plaira aux petits comme aux grands.

Doukades (de Paleokastrítsa, tourner à gauche juste avant la villa Alexandra en sortant du village de Doukades) • 6947 375 992 • www.corfu-donkeys.com • T.l.j. 10h-16h.

Corfu Explore Boats

De criques en grottes

La baie de Paleokastrítsa (p. 70) se prête à la découverte en bateau, avec ses multiples criques et grottes aux eaux turquoise. Plusieurs plages à proximité ne sont accessibles que par la mer, comme celles de Kastelli ou de Limni, ce qui les rend rares. Le loueur saura vous conseiller sur les lieux à privilégier et vous dispensera un petit cours avant de vous laisser la barre d'un bateau sans permis. Des excursions avec skipper, un peu plus chères, sont aussi possibles.

Paleokastrítsa, à côté de l'aquarium • 6984 883 149 • www.corfuexploreboats.com • Ouvert de fin avr. à fin oct. • Comptez 80 €/j./4 pers.

RANDO DANS L'OUEST, PRÈS DE PALEOKASTRÍTSA : LE « SENTIER DES ÂNES »

Un sentier creusé dans la roche suit la voie des mules qui autrefois permettaient aux locaux de rejoindre leurs champs près de la plage d'Agios Georgios Pagon au départ du village de Makrades. La vue sur la baie tout au long de cette descente, en pente douce, est impressionnante !

Le village de Makrades

Avant de vous rendre au **château d'Angelokastro** (p. 69) ou après avoir visité la **baie de Paleokastrítsa** (p. 70) située à 9 km, vous pouvez vous arrêter dans le pittoresque village de **Makrades**, fondé au XIIIe s. et construit sur une colline au milieu d'arbres centenaires.

Sur la place principale, à l'ombre d'un immense platane, les habitants discutent en prenant un café froid. À la sortie du village commence le « Sentier des ânes » à travers des champs d'oliviers. Il suffit alors de descendre le chemin pavé qui suit la falaise au-dessus de la **baie d'Agios Georgios.**

Au fil du temps, ce passage – qui n'est plus utilisé par les villageois – s'est dégradé, a été envahi par la végétation et les pierres ont glissé. Il vaut donc mieux s'équiper de bonnes chaussures et bien penser à emporter de l'eau pour s'hydrater.

La plage d'Agios Georgios Pagon

Au bout d'un moment, le sentier pavé laisse la place à un chemin de terre qui passe entre les oliviers et fait plusieurs virages avant de déboucher sur la majestueuse baie d'Agios Georgios ! Vous dominez la mer Ionienne et vous voyez au loin la plage mythique de **Porto Timoni** en forme de fer à cheval et bordée d'une forêt bien fournie.

Agios Georgios Pagon est une longue plage familiale de sable blanc qui s'étend sur 2 km, où vous trouverez des cafés et des tavernes pour reprendre des forces. Pour retourner à Makrades, vous pouvez tenter le stop ou prendre un taxi. Le trajet est de 18 min en voiture. ■

INFORMATIONS PRATIQUES

- **Départ et arrivée :** Depuis le village de Makrades jusqu'à la plage d'Agios Georgios Pagon.
- **Durée :** env. 2h30.
- **Balisage :** Facile, il faut suivre le chemin de pierre.
- **Distance :** 5,4 km.
- **Dénivelé :** 295 m de descente.
- **Difficulté :** Facile.

S'ADONNER AUX SPORTS NAUTIQUES À CORFOU

Avec ses eaux cristallines et son climat clément toute l'année, Corfou est une destination de choix pour pratiquer les sports et les loisirs nautiques. Sur une planche, à bord d'un caïque ou avec des bouteilles, explorez les criques et les fonds marins limpides !

Plongée

Ses eaux turquoise et ses fonds marins extraordinaires font de Corfou un spot de plongée prisé. Les petites criques et les grottes du nord-est de l'île et de la **baie de Paleokastrítsa** sont particulièrement bien adaptées pour observer des poissons de toutes les couleurs. Rendez-vous à Paleokastrítsa, à l'Achilleon Diving Center, ou à **Nissaki**, à l'Apollo Dive Center.

Achilleon Diving Center • *6932 729 011 • https://diving-corfu.com • 95 € les deux plongées avec bouteille; snorkeling env. 20 €/j.*

Apollo Dive Center • *www.corfudive.com • 6974 705 697 • 80 € la plongée avec bouteille, snorkeling environ 40 €/j.*

Windsurf et kitesurf

Avec un vent quasi constant tout au long de l'année, Corfou accueille de nombreux amateurs de planche à voile, de surf ou de kitesurf. La plage de sable d'**Halikounas** est un vrai paradis pour les amateurs de glisse. **Kite Club Corfu** propose des cours de kite et des initiations pour les débutants. Pour les cours de planche à voile, **Surf Center Corfu** propose des sessions de 4h (comptez 229 €). Si vous êtes sur la côte ouest de l'île, sur la plage de Glyfada, le **Marysol Surf in Corfu** loue des surfs, et des kayaks transparents pour observer les fonds marins.

Kite Club Corfu • *6977 145 614 • www.kite-club-corfu.com • Cours de kite à partir de 89 €/2h.*

Surf Center Corfu • *6977 145 614 • https://surfcentercorfu.com*

Marysol Surf in Corfu • *6972 314 617.*

Kayak ou stand-up paddle

Quoi de mieux que de se balader entre les jolies criques de Corfou ? Le kayak ou le stand-up paddle sont deux options pour ne pas se ruiner tout en faisant une escapade en mer ludique. Dans le nord de l'île, à la **station balnéaire de Sidari**, vous pouvez louer un paddle pour 15 €/h. Vous pouvez aussi choisir de suivre l'un des guides de **Corfu Extreme Sports**, en paddle, qui vous fera découvrir par exemple la plage paradisiaque de **Porto Timoni**, inaccessible en transport (80 € pour une excursion de 4h).

Sidari Water Sports • *6930 419 567 • https://sidariwatersports.gr*

Corfu Extreme Sports • *6944 056 356* • *www.corfuextremesports.com/stand-up-paddling*

Location de bateau

Voguer entre les criques échancrées du nord de Corfou est une expérience unique. Pas besoin de permis pour naviguer, une petite leçon suffira. Vous pouvez louer votre bateau à moteur à **Nissaki** (Nissaki Boat Rental ; www.nissakiboatrental.com), à **Kalámi** (https://thewhitehouse.gr/the-bay) ou à Agios Stefanos (www.sanstefanoboats.com). Les prix tournent autour de 100 € la journée pour un bateau de six personnes.

Excursions maritimes

Vous préférez vous laisser guider en mer ? Plusieurs options s'offrent à vous. Sur un voilier pouvant accueillir jusqu'à 12 personnes, explorez le début de la côte nord-est au départ de **Gouvia** (6974 207 552 ; www.corfu-adventures.com/sailing-yacht-trips ; 69 €/pers.). Depuis **Dassia**, vous pouvez embarquer avec le capitaine Tellis vers des plages accessibles uniquement en bateau (6947 008 707 ; www.asterasboatcruises.gr ; env. 60 €/pers., repas compris). Si vous avez envie de découvrir les plages paradisiaques d'**Antipaxos** mais que vous manquez de temps, vous pouvez faire une excursion à la journée depuis le port de Corfou (2661 025 317 ; https://sarriscruises.gr/corfu-daily-cruises ; 40 €/pers.). ■

Snorkeling dans la baie de Paleokastrítsa

LE CENTRE, BALNÉAIRE ET RURAL

4

La région regorge de visites inoubliables ! Marchez dans les pas de Sissi, la célèbre impératrice d'Autriche, en visitant son palais d'été, l'Achilleion. Admirez le coucher du soleil depuis le sommet de Pelekas, comme le faisait en son temps Guillaume II d'Allemagne. Profitez de l'ambiance festive et des longues plages de sable sur la côte, à Myrtiotissa, Glyfada ou encore Agios Gordios. Enfin, perdez-vous dans l'arrière-pays agricole, où les oliveraies envahissent le paysage et où les villages, comme celui de Varipatades, à l'architecture vénitienne, invitent au repos et à la dolce vita !

Plage de Myrtiotissa

1 Plage de Myrtiotissa✦

Selon l'écrivain britannique Lawrence Durrell (p. 54), c'est la plus « belle plage du monde ». Les temps ont changé et aujourd'hui c'est surtout l'une des rares étendues de sable à Corfou… pour nudistes. On laisse la voiture un peu plus haut puis on y accède à pied.

À 18 km à l'ouest de Corfou.

2 Plage de Glyfada✦

Une très longue plage de sable ocre qui attire beaucoup de monde l'été. La jeunesse internationale vient se déhancher au *beach bar* Pazuzu, qui sert des cocktails toute la journée. On peut louer des kayaks sur place et s'adonner à de nombreux sports nautiques. Mais les lieux sont bien plus incroyables hors saison, quand la foule a pris le large !

À 4 km au sud de la plage de Myrtiotissa. Pazuzu • ☎ 2661 094 444 • Avr.-oct., t.l.j. 10h-1h (20h le reste de l'année).

3 Pelekas**

Perché à 272 m d'altitude, Pelekas était le lieu de villégiature de Guillaume II d'Allemagne. Il venait y admirer les couchers de soleil, ce qui lui a valu d'être surnommé le « Trône du Kaiser ». Outre le point de vue saisissant, vous pouvez aussi vous balader autour de la place centrale du village, particulièrement animée en été.

À 14 km à l'ouest de Corfou.

4 Varipatades**

Posé sur une colline, au milieu de cyprès et de platanes, Varipatades ressemble à un village italien : des maisons vénitiennes colorées, des ruelles étroites, et une église avec un haut campanile. À la sortie du village, c'est une véritable forêt d'oliviers qui se déploie sous vos yeux, jusqu'à la mer !

À 5,5 km au sud-est de Pelekas.

Pelekas

Pause agritourisme : Ambelonas

Un havre de paix au milieu des vignes ! À 5 km à l'est de Pelekas (ci-dessus), en direction de la ville de Corfou, cet agritourisme propose des plats typiques de l'île ou d'inspiration italienne, avec des produits tout droit venus des champs environnants. Le vin bio est particulièrement délicieux. Vous pouvez d'ailleurs visiter les vignobles pour découvrir ses secrets de fabrication. Des cours de cuisine sont également organisés. Il faut réserver !

29 ***Karoumpatika, entre Pelekas et Corfou • ☎6932 158 888 • https://ambelonas-corfu.gr · Domaine, mars à mi-oct. • Restaurant, mi-mai-mi-oct., t.l.j. 19h-22h30 (ouverture aléatoire de mars à mi-mai) • Repas 15-30 €.***

5 Sinarades✦✦

Dans les venelles de Sinarades, le temps s'arrête. On profite de la douceur de vivre : une pause au café ou un déjeuner dans l'une de ses authentiques tavernes, comme Archontariki (p. 82). Les maisons en pierre avec leurs balcons fleuris, et pas moins de douze églises dont les plus spectaculaires sont Saint-Nicolas et Saint-Spyridon – font de ce village un petit chef-d'œuvre.

À 5,5 km au sud de Pelekas.

6 Achilleion+++

Le palais d'été de l'impératrice Élisabeth d'Autriche, la célèbre Sissi, cousine d'Othon Ier de Grèce, est somptueux et vaut bien une visite ! Au sommet de la montagne, la demeure néoclassique du fin du XIXe s. avec un jardin en terrasses domine toute la plaine centrale. Quel panorama ! À l'intérieur du musée, vous pourrez admirer quelques souvenirs de l'impératrice, des tableaux et des sculptures inspirés des thèmes mythologiques ou de *L'Iliade* d'Homère.

Achilleion, à 11 km au sud de Corfou • 2661 056 210 • https://achillion-corfu.gr • T.l.j. 8h-20h (jusqu'à 16h déc-mars) • Entrée 5 €.

Restos | Bars | Hôtels | Shopping | Activités

Restos Bistrots

Jimmy's

Cuisine grecque typique 30

Sur une grande terrasse ombragée, dans le village de Pelekas, la taverne Jimmy's est une adresse connue pour ses portions généreuses et son accueil chaleureux. La carte est très variée, allant de plats grecs typiques à de nombreux mets végétariens ou sans gluten – ce qui est assez rare en Grèce pour être souligné. La moussaka végétarienne ou le risotto aux crevettes comptent parmi les délices de la maison. En dessert, il ne faut pas manquer le baklava maison !

Pelekas • 6932 158 888 ou 2661 094 284 • https://jimmyspelekas.com/el/restaurant • T.l.j. 12h-minuit • Repas 15-20 €.

Saint Spyridon, le saint patron de Corfou

Saint Spyridon, un berger chypriote du IVe s. est mis à l'honneur tout au long de l'année, avec des litanies et la participation des orchestres philharmoniques de l'île : lors du dimanche des Rameaux ; le Samedi saint en raison d'un miracle – puisqu'il a sauvé l'île de la peste – ; le 11 août, en souvenir du jour où il apparut aux Corfiotes une torche à la main et fit fuir les assaillants turcs ; le premier dimanche de novembre pour son deuxième sauvetage d'une seconde vague de peste au XVIIe s. Au centre de Corfou, l'église de Saint-Spyridon (p. 29), bâtie en 1589, qui abrite des fresques splendides, est le départ des célébrations. Le corps momifié et les reliques du saint se trouvent dans la crypte.

Archontariki

Cuisine grecque traditionnelle 31

À quelques mètres du campanile jaune de l'église de Sinarades, cette taverne à l'ambiance rustique sert une succulente cuisine grecque de grand-mère : moussaka, grillades, petits poissons frits, courgettes frites... L'été, vous pouvez vous asseoir en terrasse et observer les allées et venues des habitants. L'hiver, une grande salle avec une cheminée vous accueille dans un cadre chaleureux.

Sinarades • ☎2661 054 007 • T.l.j. 12h30-22h30 (hors saison, ouvert lun.-ven. le soir uniquement) • Repas 10-15 €.

Klimataria

Taverne à poisson 32

C'est l'une des tavernes à poisson les plus réputées de Corfou, située dans le petit village de pêcheurs de Benitses. La famille Bellos propose des plats traditionnels de Corfou et des spécialités de la mer. Au menu : salade de poulpes, beignets de courgettes, et le bourdeto, une recette corfiote de poisson à la sauce tomate épicée. Tout est excellent et le service est impeccable ! Il faut absolument réserver une table, surtout en été.

Benitses • ☎2661 071 201
• https://klimataria-restaurant.gr
• T.l.j. 18h30-23h30 • Repas env. 20 €.

Bars, clubs Sorties

Zanzibar

Bar cosy 14

Quelle ambiance dans ce bar cosy du centre de Pelekas ! L'été, la musique fait trémousser les habitués en terrasse ou dans la salle intérieure au décor exotique et intimiste. Large choix de cocktails concoctés avec brio par Richard, le propriétaire, toujours aux petits soins pour ses clients. C'est un lieu qui donne envie de revenir !

Pelekas, sur la place principale • ☎2661 094 240 • T.l.j. 18h-5h • Cocktails env. 8 €.

Lemon Tree

Bar à cocktails 15

Sous les tilleuls, dans une cour éclairée avec des néons et des lampes fluo, l'ambiance est jeune et hors du commun dans ce bar réputé de la station balnéaire Agios Gordios. Les cocktails réalisés devant vos yeux sont divins et l'accueil est, en plus, très chaleureux !

Agios Gordios • ☎6930 290 993
• https://lemontreecorfu.com
• Mi-avr.-oct., t.l.j. 19h-3h.

Hôtels B&B

Pelecas Country Club

Boutique-hôtel

Au milieu d'un domaine de 20 ha, ce manoir familial du XVIIIe s. vous fait voyager dans le temps. Les meubles d'époque ont été conservés mais les chambres, elles, ont été rénovées avec tout le confort nécessaire. Des suites pour les familles sont proposées. Le jardin luxuriant et la grande piscine sont un vrai plus. Mais attention, l'établissement requiert souvent une durée de séjour minimum de trois nuits, en particulier l'été.

Avant le village d'Agios Onoufrios, vers Pelekas • 2661 052 918 • www.country-club.gr • À partir de 125 €.

Archontiko Petrettini

Boutique-hôtel

Dans une belle demeure blanche du XIXe s., cet hôtel respire le romantisme. Le décor avec les meubles d'époque vous fera voyager. Le jardin fleuri, où vous pouvez prendre un petit déjeuner gargantuesque avec des pancakes et des œufs brouillés, est un havre de paix. À l'écart de la foule, mais à proximité de la ville de Corfou et de l'aéroport, c'est un établissement de choix pour un séjour à un tarif correct.

Agios Ioannis • 6933 222 000 • https://archontikocorfu.com • À partir de 75 €.

Shopping Cadeaux

MKB Vasilakis

Miel 12

Vous aimez le miel et vous rêvez de découvrir ses secrets de fabrication ? Vous êtes au bon endroit. Monsieur Vasilakis propose des tours et des dégustations. Miel de thym, de fleurs, de châtaignier, vous pourrez tous les goûter et désormais apprendre à les distinguer. Des crèmes pour le visage à la propolis, une substance semblable à la gelée royale, sont également fabriquées. Vous devrez réserver au moins un jour à l'avance pour la visite guidée.

Vatos • 2661 095 148 • https://mrhoney.eu • Visite guidée t.l.j. sauf le dim 9h-14h.

Magissospito

Céramiques et bijoux 13

C'est la caverne des merveilles de Katerina ! Ici, vous trouverez toutes ses créations : des objets en céramique, des bijoux, des figurines en bois... L'héroïne des lieux est la sorcière, mais ne vous inquiétez pas, toutes les œuvres de Katerina ne sont pas effrayantes. Des cours de céramiques sont également proposés.

Pelekas • 6974 525 376 • Ouv. mai-fin oct, t.l.j. 10h-22h.

Port de Messonghi

Activités Détente

Aqualand

Parc aquatique

Toboggans en tout genre, piscine à vagues, aire de jeux pour les plus petits, jacuzzi… c'est un centre aquatique complet qui ne pourra que plaire aux enfants. Vous trouverez des cafétérias, des restaurants et une boutique à l'intérieur de ce parc bien aménagé. Et pour les adultes, vous pouvez toujours réserver une séance de massage !

Agios Ioannis • 2661 058 351 • https://aqualandcorfu.com • Mai-oct. t.l.j. 10h-18h • Pass journée 33 €, 24 € pour les - 12 ans.

Messonghi Boats

Excursions de pêche

Depuis le petit port de pêche de Messonghi, partez au large en bonne compagnie, avec Giorgos ou ses acolytes, pour pêcher et découvrir des criques inaccessibles sans bateau. Des excursions de quatre ou huit heures sont prévues. Tout l'équipement est mis à votre disposition et pour les débutants, aucun stress, Giorgos saura vous guider dans cette nouvelle aventure !

Messonghi • 6987 217 650 • https://messonghi-corfuboats.com/fishing-trips • À partir de 100 € pour un bateau de 6 pers.

LES PANORAMAS LES PLUS SUBLIMES DE L'« ÎLE D'ÉMERAUDE »

Du haut du mont Pantokrator ou des villages perchés, les champs d'oliviers, de cyprès et de pins se déploient pour tomber à pic dans la mer aux nuances de bleu aussi changeantes qu'extraordinaires. Vous observerez les plus beaux couchers de soleil au-dessus des falaises blanches et escarpées du nord de l'île.

Mont Pantokrator

La plus haute montagne domine les côtes albanaises et l'île de Céphalonie. Au milieu d'une riche végétation, on retient son souffle depuis le sommet !

Voir p. 54, Nord-Est de Corfou.

Pelekas

Perché à 272 m d'altitude, Pelekas domine toute la vallée jusqu'à la mer. Au coucher du soleil, le panorama est parmi les plus beaux de l'île.

Voir p. 79, Centre de Corfou.

Spartilas

La vue sur la baie d'Ipsos est presque aussi vertigineuse que la route pour y accéder ! Admirez le paysage depuis la terrasse du restaurant Agnadio (p. 55).

Voir p. 54, Nord-Est de Corfou.

Les hauteurs d'Agios Stefanos Avliotes

Le meilleur endroit pour voir le soleil plonger dans la mer et se refléter sur les falaises blanches de l'île est le café Akrotiri (p. 72), au-dessus du port.

Voir p. 67, Nord-Ouest de Corfou.

Lakones

Point de vue spectaculaire sur la baie de Paleokastrítsa ! Vous pouvez profiter du panorama depuis les terrasses du café-épicerie Michalas Kostas (p. 73) et de la taverne Boulis (p. 71).

Voir p. 69, Nord-Ouest de Corfou.

Plage de Pelekas

LES SECRETS DE LA GASTRONOMIE DE CORFOU

Raffinée, parfumée, la cuisine corfiote est savoureuse. Elle est différente de celle du reste de la Grèce dont les plats ont des notes orientales héritées de l'occupation ottomane. Les recettes corfiotes, elles, rappellent l'Italie : quatre siècles de présence vénitienne ont marqué durablement la gastronomie de l'île.

Une touche vénitienne

Les Français sous Napoléon, puis les Anglais, sont passés par Corfou, mais ce sont surtout les Vénitiens qui ont laissé leur marque dans la gastronomie locale. Si vous raffolez des pâtes, des pizzas et des glaces, Corfou ne vous décevra pas ! Mais certains mets sont bien spécifiques à l'île.

Le ***sofrito***, qui signifie en italien « frit doucement », servi dans toutes les tavernes traditionnelles, est du bœuf cuit avec une sauce à l'ail et au vin blanc, avec du sel et du vinaigre.

La ***pastisada*** est l'autre plat adoré des Corfiotes : des spaghettis servis avec du coq et une sauce à la tomate légèrement épicée.

Le poisson est aussi mis à l'honneur dans la gastronomie corfiote. Le ***bianco*** est du poisson servi avec des pommes de terre, des légumes et une sauce au citron et à l'ail. Le ***bourdeto*** est

Tablée corfiote

habituellement une rascasse (mais cela peut être un autre poisson) préparée avec une sauce épicée à base de paprika et de piment doux.

Pour les végétariens, il existe quelques délices à goûter également : le ***rizi-bizi*** est une spécialité à base de riz, de petits pois et d'oignons, et les ***tsigareli***, des herbes sauvages bouillies avec de l'oignon et de la sauce tomate.

Les plaisirs sucrés

Corfou est riche en pâtisseries, boulangeries et laiteries où vous pourrez déguster des petits gâteaux, des crèmes au lait et autres douceurs.

Les ***mandoles*** sont des amandes caramélisées ; le ***mandolato***, une barre de nougat mou qui contient du miel.

Le ***sikomaida*** est une pâte de figues au moût de raisin.

Comme ailleurs en Grèce, les ***loukoumades***, beignets frits au miel, sont appréciés, mais ici, ils s'appellent ***tiganies*** et on les saupoudre souvent de cannelle.

Aux alentours de Pâques, on fabrique à Corfou des brioches d'inspiration vénitienne appelées ***fougatsa*** ou ***colombina***.

Les glaces sont aussi revisitées avec des produits locaux, comme le kumquat ou les petites fraises des bois.

Les Anglais ont, eux, laissé leur recette de pudding et les Corfiotes en préparent toujours à Noël.

Loukoumades

Boissons locales

Les Anglais ont également laissé derrière eux la ***tsitsibira***, une sorte de *ginger beer*, boisson gazeuse au gingembre et au citron. En 1842, cette boisson épicée était produite par une brasserie locale pour les soldats britanniques. Depuis 2006, **Corfu Beer** (tél. 2663 052 072 ; lun.-sam. 9h30-15h), une microbrasserie, crée des bières rousses, brunes et blanches près de la plage d'Arillas.

La **liqueur de kumquat** en digestif est également très répandue. Ce petit agrume a aussi été introduit par un botaniste britannique, Robert Fortune, au XIXe s. et depuis, on le retrouve aussi bien dans la pâtisserie que dans les confitures, les glaces ou les cocktails.

Corfou possède également des vins réputés : le ***kakotrigis*** est un cépage blanc de l'île et le ***skopelitiko***, un autre cépage local pour les rouges et les rosés. ■

5

LE SUD, SAUVAGE ET FOISONNANT

Réputé pour ses vignes et ses tavernes à poissons, le sud de l'île est surprenant. Si vous évitez Kavos, une station balnéaire prise d'assaut par les touristes anglais, la région mérite d'être découverte et reste peu connue. Au nord de Lefkimmi, la zone des marais salants d'Alykes surprend avec ses paysages sauvages. À l'ouest, les grandes plages de sable comme Gardenos sont préservées de la foule et parmi les plus agréables. Mais notre coup de cœur est le sud-ouest de l'île et la plage d'Arkoudilas, accessible uniquement à pied après une jolie balade passant par un monastère abandonné.

Lac de Korission

1 Lac de Korission✦✦✦

Voici l'un des lieux les plus sauvages de l'île. Le site fait partie du réseau européen Natura 2000, qui regroupe les sites de l'UE ayant une grande valeur patrimoniale, par sa faune et sa flore. Dans ce lagon artificiel, une centaine d'espèces d'oiseaux viennent se réfugier – vous pourrez notamment y observer des flamants roses. Le lac longe la **plage de Halikounas**, une grande langue de sable où poussent des lys sauvages et des orchidées rares, et qui est devenue un paradis pour les surfeurs. Un *beach bar* et une école de surf y ont élu domicile, mais le reste de l'étendue est préservé.

À 26 km au S-O de Corfou

2 Chlomos✦✦✦

Surnommé « le balcon de Corfou », c'est l'un des plus beaux villages de l'île. Accroché à une colline verdoyante, Chlomos offre en effet une vue imprenable sur la mer et la campagne alentour. En montant jusqu'à l'église de Saint Pantokrator, la perspective est encore plus incroyable. Les maisonnettes de style vénitien, aux couleurs harmonieuses, donnent un charme fou à ce petit village.

À 8 km à l'ouest du lac de Korission.

3 Boukari✦✦

Boukari est un petit port calme qui doit sa renommée à ses tavernes de poisson. À l'ombre des oliviers, des eucalyptus et des cyprès, la petite plage de galets blancs est plébiscitée par les familles. Juste au-dessus du petit port, on découvre le village pittoresque de Kouspades qui offre un beau panorama sur la côte.

À 3 km au sud-ouest de Chlomos.

4 Petriti✦✦

Le petit port de Petriti est paisible et, comme Boukari, ses tavernes de poisson n'ont plus à faire leurs preuves. Les familles de Corfou aiment y venir le week-end pour profiter d'un bon repas, la mer en toile de fond. Tout au long de votre promenade dans le port, vous verrez des panneaux d'information créés par l'association des villageois, qui retracent l'histoire des pêcheurs de Petriti, de l'ancien

Port de Boukari

Déjeuner les pieds dans l'eau : Spiros Karidis

Chez Spiros Karidis, les habitués viennent, été comme hiver, manger du poisson, des spaghettis aux crustacés, et le fameux homard de la maison ! On se rend en cuisine avec le chaleureux propriétaire et on choisit ce qui nous fait envie. Le restaurant est approvisionné régulièrement par les pêcheurs du petit port. Face à la mer, le cadre est idyllique – familial en journée lorsque les enfants jouent sur la plage de petits galets et romantique en soirée lorsque le soleil se couche à l'horizon.

33 ***Boukari • ☎2662 051 876 • T.l.j. 12h30-22h • Repas env. 20 €.***

chantier naval, et évoquent toutes les activités maritimes de l'île.

À 5 km au sud-ouest de Boukari.

5 Argyrades++

Le village surplombe la grande plage d'Agios Giorgios et toute la vallée environnante. Promenez-vous au gré de ses ruelles, visitez l'église Aghios Ioannis, prenez le pouls du village au café, avec les habitués. Dépaysement garanti ! Argyrades est aussi très animé lors des fêtes du carnaval, de Pâques et du 15 août.

À 6 km au sud de Petriti.

6 Vitalades++

Entouré de cyprès et d'oliviers centenaires, ce petit village de seulement 500 âmes a gardé son authenticité. Les maisons basses en pierre ont été préservées, ainsi qu'une ancienne fontaine et un ancien aqueduc. Vous pouvez vous y arrêter sur votre chemin vers la plage de Gardenos.

À 6 km au sud d'Argyrades.

7 Plage de Gardenos++

Près du village de Vitalades, cette longue plage de sable

doré est un petit havre de paix. Quelques transats et parasols peuvent être loués (environ 8 € la journée). Calme et familiale, la plage est suffisamment grande pour profiter du paysage sans se coller à son voisin.

À 3 km au sud de Vitalades.

8 Alykes✦✦

Au nord de Lefkimmi, près de la marina, Alykes est un marais salant qui offre un paysage peu commun à Corfou. Ce lieu sauvage abrite des oiseaux migrateurs, notamment des hérons et des flamants roses. La plage de sable éponyme, aux eaux peu profondes, se trouve non loin. Vous pourrez déjeuner chez Petrakis (p. 93), une bonne taverne, les pieds dans l'eau.

À 8 km au nord-est de Vitalades.

9 Lefkimmi✦

C'est la ville la plus méridionale de l'île. En soi, elle ne mérite pas vraiment une visite, mais c'est un bon spot pour sillonner la région sauvage du sud avec les marais salants et certaines plages à proximité, comme Kanoula ou Arkoudilas, qui sont parmi les plus préservées. La région est aussi connue pour son vin : n'hésitez pas à visiter un vignoble, comme celui de Pontiglio (p. 95). Du port de Lefkimmi, vous pouvez par ailleurs rejoindre facilement, toute l'année, l'île de Paxos (p. 102).

À 3 km au sud de Lefkimmi.

Plage de Gardenos

Restos Bistrots

To Steki

Atmosphère d'antan

34

On vient dans ce bar-restaurant pour son ambiance d'autrefois, à l'écart du tourisme de masse. Kaiti et ses enfants tiennent la boutique et proposent souvent deux plats du jour ainsi que des salades ou des snacks. Ils sont tellement accueillants ! Ils vous offriront volontiers des beignets au miel avec le café. La vue de la terrasse de l'établissement est un autre atout : le village de Chlomos (p. 88) domine toute la vallée jusqu'à la mer.

Chlomos • 2662 051 231 • T.l.j. 9h30-23h30 • Repas env. 10 €.

Alonaki Bay

Face à la mer

35

À deux pas du lac de Korission (p. 88), Alonaki Bay est l'un de nos restaurants préférés à Corfou. Caché dans un jardin luxuriant, suspendu au-dessus d'une falaise et d'une plage de sable, son cadre est apaisant et la vue incroyable ! C'est une adresse particulièrement réputée pour son poisson frais. Le bourdeto, recette corfiote de poisson cuisiné dans une sauce au citron et à l'ail, et accompagné avec des pommes de terre et des légumes, est un régal !

Agios Matthaios, au croisement en direction de la plage de Halikounas, prenez à droite • 2661 075 872 • Avr à fin oct., t.l.j. 9h30-minuit • Repas 15-20 €.

Plateau de fruits de mer

Kafesas

Taverne traditionnelle 36

Les tables avec nappes à carreaux sont installées sur une terrasse en bois, avec une belle vue sur la mer et de la musique grecque en fond sonore. Cette taverne familiale propose une cuisine authentique : le poisson est frais, les légumes viennent des potagers du coin, la viande est fondante. Le plateau de fruits de mer (seulement 20 € !) est copieux et succulent.

Agios Giorgos Argyradon • 2662 051 090 • T.l.j. 9h-23h • Repas env. 20 €.

Agrotica

Cuisine italienne 37

Sur la place du village de Vitalades, ce restaurant sert parmi les meilleures pizzas de l'île, cuites au feu de bois et aussi bonnes qu'en Italie ! En entrée, la feta frite avec du miel et la salade à base de tomates cerises, de noix et de sauce à la grenade, sont délicieuses aussi. Et que dire du tiramisu ? Il est exquis. L'ambiance est chaleureuse, les prix corrects. Une adresse à ne pas rater si vous êtes dans cette partie de l'île.

Vitalades • 2662 023 174 • T.l.j. 17h-0h30 • Pizzas 8-12 €.

Baratos

Face à la mer 38

Surplombant la belle plage de sable de Gardenos, cette taverne à l'accueil sympathique dispose d'une belle terrasse. C'est le lieu idéal pour se restaurer après une baignade. Calamars frits, bœuf à la sauce tomate, tomates farcies au riz, il y en a pour tous les goûts ! Et Costas, le propriétaire, sera fier de vous faire goûter son vin, produit à partir de ses vignes.

Gardenos • 2662 024 404 • T.l.j. 12h-21h • Repas 15-20 €.

Taverna Petrakis

Au bord de l'eau 39

Tables et chaises blanches les pieds dans le sable, face à la mer. Presque les orteils dans l'eau, vous pourrez savourer des spécialités de poissons (calamars, pieuvre, spaghettis aux gambas…), mais aussi des plats de viande ou des salades fraîches. Le lieu est magique, en particulier au coucher du soleil, parfait pour une soirée romantique. En journée, profitez des transats que l'établissement met gracieusement à disposition de ses clients.

Lefkimmi • 2662 022 488 • T.l.j. 10-23h • Repas 20 €.

Bars, clubs Sorties

Booca Bar

Beach bar 16

Des transats blancs pour se relaxer face au bleu de la mer, dans un coin calme de cette côte animée.

Quel spectacle quand le soleil disparaît sous l'horizon ! À la nuit tombée, l'ambiance lounge appelle à un moment de détente sous les étoiles, un cocktail à la main.

Messonghi • Ouvert de mai à oct. • Cocktail 9 €.

Sunset Cafe Bar

Beach bar 17

S'offrir une pause dans ce bar surplombant la plage de sable doré d'Agios Giorgios est un vrai bonheur, surtout à la *golden hour* ! Toute la journée, jusqu'à 17h, vous pouvez grignoter des snacks, déjeuner ou vous rafraîchir. Mais une fois la nuit tombée, on vous recommande les délicieux mojitos à la fraise !

Agios Giorgios • ☎2662 051 343 • T.l.j. 10h-23h • Cocktail 9 €.

Barbayannis Bar

Avec vue sur la mer 18

Le balcon sur la plage de Lakkiess, avec une vue imprenable sur la mer, est le vrai plus de ce bar qui sert également toute la journée des cafés et des snacks. Les propriétaires, Jim et Julie, sont très chaleureux. Le soir, vous pouvez boire une bière ou des cocktails rafraîchissants à des prix corrects sur fond de musique internationale. Cafés, petit déjeuner, snacks, et cocktails le soir.

Plage de Lakkiess • ☎2662 052 110 • T.l.j. 9h-1h • Bière 4 €.

Hôtels B&B

Roumanades

Maison d'hôtes

Perdu au milieu d'un domaine de 7 ha, parmi des oliviers centenaires, le manoir de Roumanades est une grande bâtisse rose. C'est le lieu parfait pour des vacances familiales au calme, dans la nature. La villa est composée de deux grandes chambres, d'une cuisine et d'un salon, et dotée d'un jardin et d'une terrasse où il fait bon vivre.

Roumanades • ☎6944 276 555 • www.roumanades.com • Appartement à partir de 150 €.

Bioporos Farm

Agritourisme

Konstantinos et Agathi s'occupent de la ferme biologique et louent en même temps une maisonnette pouvant accueillir jusqu'à cinq personnes. Idéal pour une famille à la recherche de calme et d'authenticité. Au petit déjeuner, vous pourrez tester les produits bio cultivés sur place. Le must ? Participer aux activités organisées : cours de cuisine, observation des oiseaux migrateurs dans le lac de Korission, randonnées…

Alevropori, à 2 km du lac de Korission • ☎2661 076 224 • https://bioporos.gr • À partir de 120 € pour la maisonnette.

Shopping Cadeaux

Ionian Wind

Artisanat 14

Des tasses de café en céramique, des voiliers en bois pour décorer un intérieur, des carafes d'eau en verre peint, des couverts en bois d'olivier… Tout est fait main dans cet atelier du village de Chlomos. C'est une adresse fantastique pour rapporter des souvenirs uniques à vos amis et à vos proches !

Chlomos • 6974 599 187 • T.l.j. 10h-18h.

To Bostani

Épicerie fine 15

Cette boutique, dont le nom signifie « verger », produit ses propres légumes et fruits, souvent biologiques. Vous trouverez aussi des produits locaux de qualité provenant de toute l'île : des épices, du miel, de l'huile, des cookies faits maison et même sans sucre pour certains ! Également un petit stand au marché central de la ville de Corfou.

Lefkimmi, Agias Ekaterinis 30 • 2662 024 214.

Activités Détente

Vignoble de Pontiglio

Visite d'un domaine viticole

Le vignoble de Pontiglio, mot vénitien signifiant « détermination », s'étend sur 60 ha et produit des variétés de raisins spécifiques à Corfou (kakotrigis, petrokoritho et skopelitiko). Lors d'un tour avec un guide – en anglais –, vous pourrez goûter ces cépages uniques et découvrir leur méthode de fabrication, ainsi qu'un petit musée qui regroupe des outils d'époque.

Flamants roses sur le lac de Korission

Pensez à rapporter une bouteille en souvenir (à partir de 10 €).

Kaboulia Neohoriou, Lefkimmi • 2662 022 866 • https://pontiglio.gr/visit • Mar.-sam. 10h-14h • Tour 10 €.

The Governor's Olive Mill

Production d'huile d'olive

Chez les Dafnis, six générations se sont succédé pour que cette huile d'olive, surnommée « The Governor », soit récompensée à l'international. Quelque 4 millions d'oliviers recouvrent l'île ; à l'époque des Vénitiens, ils cachaient les habitations des pirates. Historiquement importante à Corfou, ce n'est pourtant que récemment que l'huile d'olive a été valorisée. En visitant l'exploitation et le petit musée, fabrication et dégustation d'huile d'olive seront au menu ! La guide, Irini, est pleine d'humour et vous confiera de nombreuses anecdotes.

Agios Matheos • 2661 075 701 • www.thegovernor.gr • Tour à 10h30 et 14h30 • 15 €.

Escapade : la randonnée Kavos – Plage d'Arkoudilas

Cette belle randonnée au point le plus méridional de l'île commence à la sortie de la ville de Kavos, juste avant un centre équestre nommé Horseland Kavos. Le chemin monte doucement vers un ancien poste d'observation allemand datant de la Seconde Guerre mondiale. Puis, la route continue en longeant la mer jusqu'au monastère de Panagia Arkoudilas, habité jusqu'au XIXe s. Le sentier passe ensuite par une forêt méditerranéenne pour atteindre la plage sauvage d'Arkoudilas, refuge de tortues *Caretta caretta*. Au bout de la plage, prenez une route vers le nord, vous allez traverser un lac artificiel entouré de collines verdoyantes, puis vous arriverez à votre point de départ, à la sortie de Kavos. Il faut, pour cette randonnée, être bien équipé et avoir de l'eau !

Départ/Arrivée : circuit en boucle, qui part de Kavos avant le centre équestre Horseland Kavos • Distance : 10 km A/R • Dénivelé : + 251 m • Niveau : moyen • Durée : 4h.

NOS RESTOS PRÉFÉRÉS, FACE À LA GRANDE BLEUE

Quel bonheur de s'attabler en journée, ou au coucher du soleil, les yeux perdus dans l'immensité azur ! Le soir, avec un petit fond musical, sous les étoiles, le décor est tout aussi romantique. Évidemment, le top est de déguster des crustacés et des poissons frais !

Avlaki Seaside

« *The place to be* » pour déguster du poisson frais tout en profitant de la vue sur la sublime plage d'Avlaki, avec ses galets blancs et ses eaux turquoise !

Voir p. 56, Avlaki, Nord-Est de Corfou.

Avlaki Seaside

Alonaki Bay

Ce jardin suspendu au-dessus de la mer a de quoi séduire ! Une sérénité incroyable se dégage de ce lieu perdu au milieu des roseaux et des arbustes.

Voir p. 92, Agios Matthaios, Sud de Corfou.

Taverna Spiros Karidis

Des tables de bois face à la mer, les pieds dans le sable, c'est le lieu idéal pour déjeuner après une baignade. Le paysage est idyllique, surtout au coucher du soleil !

Voir p. 89, Boukari, Sud de Corfou.

Fisherman's Cabin

Surplombant la plage d'Agios Georgios, l'endroit est magique lors de la *golden hour*, mais aussi de nuit, avec ses petits lampions romantiques.

Voir p. 71, Agios Georgios Pagon, Nord-Ouest de Corfou.

Thalassa

À la nuit tombée, sous les étoiles et avec le clapotis des vagues, la terrasse du restaurant au bout de la jetée de Gaios est pa-ra-di-siaque.

Voir p. 106, Gaios, Paxos

VISITER PAXOS ET ANTIPAXOS

Paxos

À SAVOIR

Comment venir

Venir à Paxos

Pour rejoindre Paxos, il faut prendre un ferry depuis Lefkimmi, au sud de Corfou (45 min de traversée ; www.kamelialines.com) ou un hydroglisseur (1h de traversée environ, https://joycruises.gr) depuis le port de Corfou, mais attention, il n'y en a pas entre octobre et avril !

Vous pouvez aussi venir depuis le port d'Igoumenista, sur le continent grec (1 à 3 liaisons par jour selon la saison).

Venir à Antipaxos

Des bateaux partent de Gaios (sur Paxos) de mai à octobre le matin vers 10h et reviennent vers 16h. Comptez environ 10 € l'aller-retour. Depuis la ville de Corfou, vous trouverez également des excursions pour découvrir Paxos et Antipaxos dans la journée.

Où loger ?

Gaios est une bonne option pour se loger, dans des appartements ou des hôtels, car c'est le lieu le plus animé de l'île de Paxos, et aussi un bon point de chute pour faire des excursions à Antipaxos ou vers les grottes bleues. En haute saison, vous pouvez aussi loger à Longos, à Lakka ou dans la campagne de Paxos, mais il faut de toute façon s'y prendre assez tôt car l'offre n'est pas suffisante pour répondre à la demande !

Comment se déplacer

En bus

Un bus relie deux fois par jour Lakka, Gaios et Longos (2,50 €). Mais, ce n'est pas ce qu'il y a de plus pratique pour visiter l'île.

En taxi

Une station de taxis se trouve à Gaios, près du parking à la sortie du village en direction de Longos. Pour un trajet entre Gaios et Longos, vous dépenserez environ 15 €. Christos : 6977 472 747

À pied

Paxos est une île assez petite qui se prête bien à la randonnée. Vous pouvez facilement rejoindre des plages à pied.

En voiture ou à scooter

Location d'un scooter à partir de 20 € et d'une voiture à partir de 35 € en haute saison. Les routes ne sont pas toujours en très bon état donc il faut faire attention en conduisant !

Agence Electra : Gaios • 6945 949 394 • www.electrapaxosrentacar.gr

Utile

Infos touristiques

Site de la municipalité

www.paxl.gr

Santé

Centre de santé à Gaios

2662 360 100

Agence de voyages

News Plans

Billets de bateau, location de voitures, de scooters, de bateaux à moteur, réservations d'hébergements… Cette agence très efficace vous aidera lors de votre séjour à Paxos, y compris si vous souhaitez faire des excursions.

Sur le port de Gaios • 6980 344 759 • https://newplans.gr

Arche de Tripitos, Paxos

Argent

Vous trouverez des distributeurs dans tous les ports de l'île. La plupart des établissements prennent la carte bancaire.

PAXOS ET ANTIPAXOS

6

Deux petits paradis à l'atmosphère italienne. À Paxos et Antipaxos, oubliez les sites et musées à visiter. Ici, le spectacle est dans la nature ! Envahies par des oliviers centenaires, des cyprès et des vignes, ces deux îles miniatures disposent de plages, de criques et de grottes aux couleurs surréalistes. La plage de Voutoumi, bordée d'eaux translucides, à Antipaxos, est unique. Les trois petits ports de Paxos – Lakka, Longos et Gaios – avec leurs voiliers, leurs boutiques coquettes et leurs restaurants succulents, ont quant à eux des airs de Saint-Tropez... en moins fréquenté.

Port de Longos

Paxos

1 Gaios✦✦✦

Gaios est un village où il fait bon vivre. Les maisons néoclassiques couleur pastel, qui abritent cafés, restaurants ou boutiques, longent ses eaux cristallines. Face à la mer, un canal étroit se forme entre les quais du port de plaisance et l'îlot d'Agios Nikolaos, surmonté d'une forteresse vénitienne. De nombreux voiliers et yachts amarrés donnent au site un petit air de Riviera italienne.

2 Longos✦✦✦

C'est le plus petit des ports de Paxos et sans doute notre préféré ! La baie est bordée de charmantes maisons vénitiennes roses, jaunes ou blanches. À l'entrée du village, vous pouvez observer les vestiges d'une fabrique d'huile d'olive. En été, des concerts y

Plage de Voutoumi, à Antipaxos

sont parfois organisés. Au sud, vous trouverez plusieurs petites plages de galets blancs comme celle de Marmari. L'eau y est d'une pureté incroyable !

À 7 km au nord de Gaios.

3 Lakka✦✦

Dans cet autre petit port bordé d'oliviers et de pins, l'atmosphère paisible attire aussi de nombreux bateaux de plaisance. Les restaurants et les cafés sont animés en été. Depuis le port, vous pouvez rejoindre à pied la plage de sable de Harami ou le phare qui domine la baie.

À 4 km au nord de Longos.

4 Plage d'Erimitis✦✦✦

Encadrée par des falaises blanches spectaculaires, voici sans conteste la plus belle plage de Paxos ! On n'y accède qu'à pied, en abandonnant la voiture en haut de la falaise. La descente, par des escaliers en pierre, ne dure que 10 minutes, mais pensez bien à emporter de l'eau car il n'y a pas de buvette sur place. Au retour

Pause gourmande : Boulangerie To Spitiko

Dans une petite maison coquette derrière le port animé de Gaios se cache la meilleure boulangerie de l'île ! La pâte feuilletée est vraiment réussie. Vous pouvez vous approvisionner en *spanakopita* (chausson aux épinards) ou *tyropita* (au fromage) avant une randonnée, ou vous faire plaisir avec des petits beignets et cookies au chocolat fondant. Les prix sont très corrects.

40 Gaios • 2662 032 025 • T.l.j. 8h-19h • Feuilleté à partir de 2 €.

Arche de Tripitos

de votre escapade, vous pourrez vous arrêter boire un verre à l'Erimitis Bar & Restaurant. Au coucher du soleil, la vue sur la côte y est époustouflante !

À 5,5 km au sud de Lakka et 5 km au nord-ouest de Gaios.
Erimitis Bar & Restaurant : ☏ 6977 753 499 • www.erimitis.com • T.l.j. 18h-23h.

5 Arche de Tripitos+++

Une arche de pierre domine la mer dont la couleur change selon la luminosité. Le paysage est unique et sauvage ! Le chemin pour y accéder n'est pas très difficile et

Grottes bleues d'Antipaxos

est bien balisé. Il faut compter une quinzaine de minutes de randonnée à travers des champs d'oliviers, mais il vaut mieux être équipé de bonnes baskets, car la route est caillouteuse.

À 3 km au sud de Gaios

Antipaxos

L'île, qui ne compte que quelques habitants en été, est devenue célèbre pour ses plages paradisiaques. Celle de Voutoumi, avec ses galets blancs, et celle de Vrika, avec son sable fin, sont fantastiques. La mer revêt des couleurs oniriques ! On rejoint ce petit paradis du port de Gaios à Paxos (30 min de trajet). Des excursions à la journée au départ de Corfou sont également possibles (voir Dreamland p. 27, ou Sarris Cruises p. 77).

6 Plage de Voutoumi✦✦✦

On se croirait presque dans les Caraïbes ! La plus longue plage d'Antipaxos, couverte de petits galets blancs et entourée de collines boisées, est bordée d'eaux turquoise presque irréelles ! De Gaios, à Paxos, vous pouvez venir facilement en seulement 30 min. Au-dessus de la plage, vous pourrez boire un verre ou déjeuner au Bella Vista ; la vue sur la baie est saisissante.

À l'extrémité nord d'Antipaxos.
Belle Vista : ☏6975 744 109.

Films et séries tournés à Corfou et Paxos

Les paysages paradisiaques de Corfou et de Paxos ont été choisis par de nombreux réalisateurs pour tourner des scènes mythiques. Outre *La Folle Aventure des Durrell* (p. 54), un James Bond, *Rien que pour vos yeux* (1981) a été filmé près de la presqu'île de Kanoni et au palais d'Achilleion. Le film *Fedora* (1978) de Billy Wilder raconte l'histoire d'une star du cinéma déchue qui se réfugie à Corfou. Dans les années 1950, les films *Sissi*, avec Romy Schneider, ont aussi fait la part belle à cette île. Plus récemment, la comédie *Mariage à la grecque 3* (2023), avec la famille Portokalos, se déroule dans le village de Varipatades. Enfin, *Maestro*, la première série grecque diffusée sur Netflix, une romance entre un professeur de musique et son étudiante dans une communauté recluse, a été tournée à Paxos.

Restos | Bars | Hôtels | Shopping | Activités

Restos Bistrots

Mambo
Cuisine grecque traditionnelle 41

Sur le port de Gaios, aux airs de Saint-Tropez, Mambo est le restaurant préféré des acteurs d'une série grecque, Maestro, tournée sur l'île. On y déguste une cuisine grecque typique : des boulettes de viande à la sauce rouge, des tomates farcies, de la moussaka… Tout est très bon. L'ambiance décontractée face à la mer donne envie de revenir.

Gaios • 2662 032 670 • T.l.j. 9h-23h30 • Repas 10-15 €.

Fanalino
Cuisine italienne 42

Dans une ruelle derrière la place principale de Gaios avec son église rose, se cache un petit restaurant italien aux prix modérés. Les spaghettis carbonara sont crémeux et délicieux. Au menu, vous trouverez également des pizzas et quelques plats grecs. Et le soir, l'établissement prépare même d'excellents cocktails !

Gaios • 2662 032 072 • T.l.j. 8h30-17h et 18h30-23h • Repas 10-15 €.

Thalassa
Taverne de poisson 43

Au bout du port de Gaios, à droite en regardant la mer, les tables lui font face. Le clapotis des vagues se marie à la musique grecque traditionnelle de l'établissement.

Thalassa (la mer en grec) a évidemment pour spécialité les crustacés, les poissons grillés et les seiches cuisinés avec du riz. En hiver, la soupe de poisson, au goût de citron acidulé, est merveilleuse !

Gaios • ☎6972 002 047 • T.l.j.·12h-minuit • Repas env. 20 €.

Taverna Vassilis

Restaurant chic 44

C'est le restaurant le plus réputé de Longos. Il dispose d'une très grande terrasse à l'entrée du village. On y vient surtout pour le poisson frais, grillé à point, mais le risotto ou l'agneau de lait vous laisseront également un souvenir mémorable ! Les prix sont un peu plus élevés que la moyenne sur l'île, mais les plats raffinés à base de produits locaux le valent bien.

Longos • ☎2662 031 587 • https://vassilisrestaurant.com • T.l.j. 13h-minuit • Repas 20-30 €.

To Paxoimadi

Cuisine grecque traditionnelle 45

Dans une ruelle pittoresque de Lakka, sous une pergola de vignes, vous pourrez déguster des plats grecs simples, savoureux, à petit prix. La carte est variée et il y en a pour tous les goûts : sardines grillées, courgettes frites, côtelettes d'agneau, salades copieuses… En été, le restaurant est vite plein, il vaut mieux réserver !

Lakka • ☎2662 033 098 • T.l.j. 12h-23h (mai à oct.) • Repas 10-15 €.

Averto

Cuisine innovante 46

De l'arrière-cour de ce restaurant, la vue plongeante sur la nature et la mer est enivrante. Cet établissement coté est parfait à toute heure de la journée. Jusqu'à 14h, vous pouvez bruncher : œufs Bénédicte, yaourt aux fruits et au muesli, pancakes… Puis au déjeuner et au dîner, vous pouvez goûter le ceviche de daurade, le risotto au poisson ou encore le burger maison. Les plats changent de la cuisine grecque traditionnelle et le chef essaie d'innover à chaque saison.

Magaziá • ☎2662 030 239 • https://avertopaxos.gr • T.l.j. 8h-2h • Dîner 30 €.

Lakka

Restaurant Dolos

Taverne authentique 47

Perdu dans un petit village sur la route qui mène à la plage de Kaki Lagkada, ce restaurant familial dispose d'un petit jardin et d'une terrasse ombragée très agréable. Vous y mangerez des plats grecs copieux : tomates farcies, bœuf à la sauce tomate, *pastitsio* (un pâté de macaronis à la viande hachée et à la béchamel)… C'est surtout l'ambiance qui plaît. Les soirs d'été, il n'est pas rare d'assister à des concerts de musique grecque traditionnelle.

Kourteika • ☏2662 031 296 • T.l.j. 8h30-minuit • Repas 10-15 €.

Cedrus

Restaurant-*beach bar* 48

Le meilleur restaurant d'Antipaxos pour profiter d'un paysage spectaculaire avec des eaux bleu turquoise. Le poisson frais, le calamar grillé et le poulpe au vinaigre sont leurs spécialités. Les prix sont un peu élevés, mais comme partout sur l'île, qui ne dispose pas de beaucoup de choix. Et l'avantage est que l'établissement possède des transats et des douches dont vous pourrez profiter toute la journée !

Plage de Vrika • ☏6971 968 992 • https://cedruspaxoi.wixsite.com/cedrus • Repas 25-30 €.

Bars, clubs Sorties

Porto Vecchio

Au bord de l'eau 19

Face aux voiliers et aux yachts du port de Gaios, ce café s'étend sur une grande terrasse à l'ombre des mûriers et des platanes. De la musique lounge et jazz résonne à toute heure de la journée. Le cadre est reposant, le personnel accueillant et les cocktails particulièrement bien dosés. Que demander de plus ?

En face de la marina de Gaios • ☏2662 032 786 • T.l.j. 9h-2h • Cocktails 8-10 €.

Athina

Brunch 20

Un tout petit café face à la mer qui propose de délicieux petits déjeuners. Jusqu'à 16h30 pour les lève-tard, vous pouvez bénéficier du brunch, à base d'œufs brouillés, de pancakes, de jus d'orange frais… Et le soir jusqu'à 21h, vous pouvez profiter des *happy hours* et siroter de délicieux cocktails pour seulement 6 € !

En face de la marina de Gaios • ☏2662 032 785 • Avr.-oct., t.l.j. 8h-minuit • Brunch env. 10 €.

Roxi Bar

Face à la mer 21

Au bout du minuscule port de Longos, ce bar a littéralement

les pieds dans l'eau. Le cadre est enivrant, face à la mer calme et translucide. On y boit du vin produit localement ou des cocktails originaux. Les soirs d'été, le propriétaire Kostas et ses serveurs mettent l'ambiance !

Longos • 2662 030 088 • T.l.j. 8h-2h • Cocktails 8-10 €.

Hôtels B&B

Dolce Vivere

Appartement tout équipé

Face à la mer, cet appartement situé au premier étage d'une maison néoclassique donne sur la mer et le port animé de Gaios. Sa déco soignée, avec des meubles anciens, et sa cuisine bien équipée le rendent très confortable. Composé de deux chambres, d'un salon, d'une grande cuisine, c'est le lieu idéal pour une famille avec deux enfants.

Gaios • 2661 700 770 • www.dolceviverepaxos.com • À partir de 110 € l'appartement.

Zak Spitaki

Bed and breakfast

Nick et Helen, un couple d'Anglais tombé amoureux de l'île, ont décoré leur B&B en s'inspirant de leur vie passée à Zanzibar. Au milieu de la campagne de Paxos, à seulement quelques minutes du port de Longos, cet établissement composé seulement d'un appartement et d'une chambre est un petit paradis. Le jardin luxuriant avec vue sur la mer est le lieu parfait pour prendre son petit déjeuner ou piquer une tête dans une toute petite piscine. Il faut réserver pour accéder à ce lieu unique !

Kangatika près de Longos • www.zakspitaki.com/jacaranda-cottage • À partir de 160 €.

Shopping Cadeaux

George Apergis

Bijouterie 16

George et sa femme travaillent essentiellement l'argent. Bracelets, boucles d'oreilles et bagues en argent dans un style épuré, parfois inspirés de l'Antiquité, sont fabriqués dans cette petite échoppe cachée dans une ruelle de Lakka. Ils peuvent également faire du sur-mesure et acceptent les commandes si vous avez l'idée d'un modèle ou d'une gravure à effectuer.

Lakka • 2662 033 008 • https://georgeapergis.com • Lun.-sam. 10h-15h et 18h-21h.

Taste and Flavor of Olive

Delicatessen 17

Dans cette boutique coquette, les produits viennent de la ferme

de la famille Kefallinos, située dans le nord de l'île de Corfou : huile d'olive, confitures... Vous trouverez aussi des savons à base d'huile d'olive, de différents parfums, des crèmes pour le visage ou pour le corps, des bougies aux senteurs douces...

Lakka • 6973 001 211 • Mai-oct., t.l.j. 10h-22h.

Activités Détente

Paxos Oasis Sub

Plongée sous-marine

Paxos et Antipaxos sont deux petits paradis pour les plongeurs. Leurs eaux translucides et leur riche faune marine donnent envie de partir à la découverte des profondeurs. Ce club, situé dans le port de Lakka, propose des baptêmes de plongée (80 €), des escapades de snorkeling (40 €) ou des stages de plongée de juin à septembre avec hébergement (à partir de 500 €).

Lakka • 2662 033 493 • https://paxosoasisub.com • Début mai à fin oct.

Paxos Thalassa Travel

Kayak dans les criques

Cette agence de voyages située à Longos, dans une ruelle en retrait du port, propose des balades en kayak privées ou en groupe, des promenades en bateau jusqu'à Antipaxos au coucher du soleil, etc. Le kayak est parfait pour découvrir autrement les petites criques et la guide, Lefcothea, prend soin des visiteurs et les emmène dans des coins préservés.

Longos • 2662 031 662 • www.paxos-thalassatravel.com/kayak

Panos Boats and trips

Excursion vers les grottes bleues

Au départ de Gaios, à 10h15, tous les jours en saison, Panos emmène sur son caïque de bois un petit groupe découvrir les grottes bleues de Paxos ainsi que l'île voisine d'Antipaxos. L'excursion dure six heures, avec des arrêts multiples dans des criques, des grottes ou des plages isolées pour se baigner. Il faut bien sûr emporter avec soi son maillot, un masque et de la crème solaire ! À bord, vous aurez droit à de l'eau, du thé glacé, du yaourt au miel et d'autres snacks.

Longos • 6976 775 439 • https://panosboatsandtrips.com • Excursion 40 €/pers.

TOP DES PLUS BEAUX VILLAGES

Les demeures vénitiennes aux couleurs pastel, les églises et leurs hauts campaniles et les ruelles fleuries confèrent un charme fou à ces villages. Hors des sentiers battus, ces perles rares nous plongent dans les origines ces îles !

Varipatades et Sinarades

On se croirait presque en Italie dans ces deux villages avec leurs maisons vénitiennes, leurs venelles étroites et leurs églises. À la sortie de Varipatades, ne manquez pas la vue sur les champs d'oliviers centenaires !

Voir p. 79 et 80, Centre de Corfou.

Nymfes et Agioi Douloi

Deux villages perdus au milieu d'une nature florissante, ponctués d'édifices en pierres taillées. Et ces deux pépites respirent, en plus, l'authenticité !

Voir p. 55, Nord-Est de Corfou.

Chlomos

C'est le « balcon de Corfou » ! La campagne se déploie jusqu'à la mer. Observez les coquettes maisons de style vénitien et arrêtez-vous dans un café pour vous imprégner des lieux.

Voir p. 88, Sud de Corfou.

Longos

Un port de poche aux bâtisses jaunes et roses bordant la mer bleu clair. Le temps s'arrête et un petit air de dolce vita berce les soirées d'été face aux bateaux de plaisance.

Voir p. 102, Paxos.

Lakones

Voilà un parfait hameau pour échapper à la foule de Paleokastrítsa l'été. À Lakones, la vue sur la baie laisse bouche bée.

Voir p. 69, Nord-Ouest de Corfou.

Lakones

RANDONNÉES À PAXOS

Paxos est une île idéale pour la marche. Les distances sont courtes et les parcours souvent ombragés par des oliviers centenaires. Voici deux propositions de balades au cœur de la nature qui permettent aussi de profiter des beaux rivages de Paxos.

Randonnée jusqu'à la plage d'Erimitis

Entourée de falaises blanches, la plage d'Erimitis est l'une des plus belles de l'île de Paxos. La mer a une couleur turquoise, on se croirait aux Caraïbes !

Le site ne se rejoint qu'à pied ou en bateau. Attention, emportez bien de l'eau, de la crème solaire et un chapeau !

Le chemin démarre dans le village de **Vlachopoulatika,** au niveau de l'église Saint Charalampos, dans une ruelle au-dessus de la rue principale Loutra-Lakkas.

L'itinéraire vous fera traverser de magnifiques champs d'oliviers centenaires, et les minuscules

villages d'**Arvanitika** et de **Magaziá**, pleins de charme.

Puis le sentier bifurque vers la plage d'Erimitis. Quel panorama lors de la descente ! À l'arrivée, vous ne pouvez que succomber à la beauté de la mer cristalline...

Après cette pause, reprenez le chemin vers le petit port pittoresque de **Longos** (p. 102).

Vous passerez notamment par le joli hameau de **Kourteika**, où se trouve la bonne taverne Dolos (p. 108).

Depuis Longos, prenez le chemin du retour à travers la nature

INFORMATIONS PRATIQUES

- **Départ et arrivée :** village de Vlachopoulatika, plage d'Erimitis et port de Longos. L'itinéraire forme une boucle.
- **Durée :** env. 4h.
- **Balisage :** la nature a repris ses droits sur certains passages de l'itinéraire. Vous pouvez vous munir d'une carte, pour plus de sûreté, ou imprimer l'itinéraire disponible sur Internet (www.alltrails.com).
- **Distance :** 12,6 km
- **Dénivelé :** 545 m
- **Difficulté :** moyenne

verdoyante de l'île jusqu'au village de Vlachopoulatika.

Si cet itinéraire vous semble trop long, vous pouvez aussi commencer la randonnée à Magaziá. Il faut alors compter 40 min pour aller jusqu'à la plage d'Erimitis. Au-dessus de la plage, on a une vue magnifique depuis l'Erimitis Bar Restaurant. Au coucher du soleil, le spectacle est encore plus réussi !

Randonnée jusqu'à l'arche de Tripitos

Cette balade mélange de beaux paysages champêtres et de magnifiques vues sur la côte et la mer. Le parcours ombragé n'est pas très difficile, mais le sentier n'est pas toujours bien entretenu et il faut être équipé de chaussures fermées.

À partir de la supérette Paxos Market, à la sortie du village de **Gaios**, commence le chemin vers **Ozias**, un village avec des maisonnettes en pierre perdu au milieu des oliviers et des arbustes.

En continuant vers la côte, vous allez apercevoir l'**arche de Tripitos** ; la falaise a été sculptée par les vagues et le vent, créant ce phénomène géologique splendide.

Le panorama sur la mer et l'île voisine d'**Antipaxos** est unique. Prenez ensuite la route vers l'intérieur des terres, traversez une dense forêt méditerranéenne préservée, et vous arrivez sur la petite **plage d'Avlaki** pour une baignade bien méritée !

INFORMATIONS PRATIQUES

- **Départ et arrivée :** de Gaios, au niveau du Paxos Market, arche de Tripitos et plage d'Avlaki, avant de revenir à Gaios.
- **Durée :** env. 2h45.
- **Balisage :** vous pouvez vous munir d'une carte ou imprimer l'itinéraire sur le site All trails (www.alltrails.com)
- **Distance :** 9 km
- **Dénivelé :** 321 m
- **Difficulté :** moyenne

Le paysage avec les collines resserrées qui forment des petits fjords est dépaysant. Pour rejoindre, passez par le minuscule et charmant village de **Bogdanatika**.

S'ADONNER AUX SPORTS NAUTIQUES À PAXOS ET ANTIPAXOS

Ces deux îles sont réputées pour leurs eaux turquoise, claires et limpides. Faire une balade en voilier ou en kayak, se rendre sur des plages paradisiaques et s'émerveiller dans des grottes bleues aux fonds marins sublimes sont des expériences inoubliables !

Excursion maritime à Antipaxos

Plongée

Comment ne pas être tenté par une plongée dans une mer si envoûtante, bleue, turquoise, verte ou transparente selon les heures de la journée ? Paxos et Antipaxos sont des paradis pour les plongeurs. À Lakka, le **Paxos Oasis Sub** (p. 110) propose des baptêmes de plongée, des escapades de snorkeling ou des stages de plongée avec hébergement de juin à septembre. À Gaios, le club **Water Planet** offre des services à peu près semblables.

Water Planet Dive Center : 6972 111 995 • www.waterplanet.gr

Kayak ou stand-up paddle

Admirez les rivages de Paxos ou d'Antipaxos au coucher du soleil vous fait rêver ? L'agence **Paxos Thalassa Travel** (p. 110), à Longos, vous emmène en kayak dans des petites criques isolées où les paysages sont à couper le souffle. Vous pouvez choisir de rejoindre un groupe ou d'avoir la guide Lefcothea rien que pour vous. Vous êtes plus tenté par le paddle ? L'agence propose des locations à la journée ou à la demi-journée.

Kayak dans les grottes de Paxos

Excursions maritimes

Entre le mois d'avril et début novembre, il ne faut pas manquer une excursion sur le caïque de bois de Panos (**Panos Boat and Trips**, p. 110). Tous les jours, vers 10h15, le marin d'eau douce emmène un petit groupe plonger dans les grottes bleues mais aussi découvrir les plages paradisiaques de **Voutoumi** et **Vrika** sur l'île voisine d'Antipaxos. La promenade dure toute la journée. Panos a aussi conçu une escapade nocturne qui part vers 17h du port de Longos pour Antipaxos. L'île est alors déserte à cette heure, les yachts et les voiliers pleins de touristes sont partis et elle a retrouvé sa sérénité. Après une baignade rafraîchissante dans les eaux aux couleurs caribéennes, vous serez guidé dans les chemins verdoyants de l'île avec un guide et vous pourrez même goûter le vin local. L'agence **Paxos Thalassa Travel** organise aussi des excursions similaires.

Location de bateau

Les plages et les criques de Paxos sont souvent inaccessibles en voiture et même à pied. Le meilleur moyen d'explorer les coins déserts de l'île est donc de louer un bateau à moteur qui ne nécessite pas de permis. À Gaios, vous trouverez l'agence de Makis, qui dispose de plusieurs hors-bord (à partir de 100 € la journée pour un bateau de six places). Mieux vaut réserver un ou deux jours à l'avance, surtout en été ! Makis, qui est né et a grandi à Paxos, peut aussi vous servir de guide si vous ne vous sentez pas l'âme d'un capitaine ! ■

Makis : *☎ 6976 001 197*
• https://makisboatsrental.gr

ORGANISER SON WEEK-END

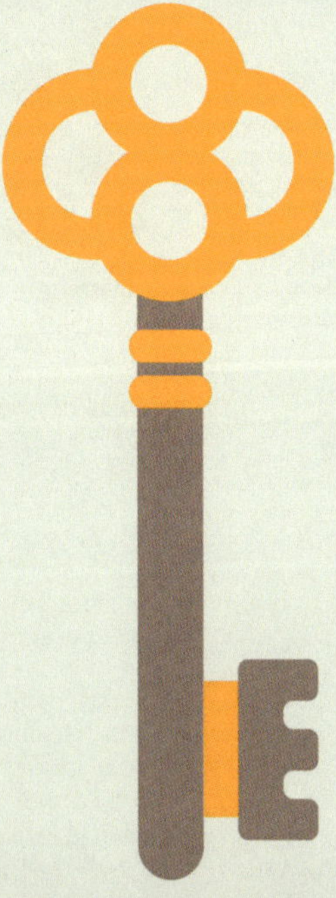

Monastère de Paleokastrítsa, Nord-Ouest de Corfou

L'ESSENTIEL

Quand partir ?

- **Meilleures périodes** : mai-juin et septembre-octobre. Corfou est saturée en juillet-août. À Paxos aussi, les mi-saisons sont les plus agréables. La plupart des hébergements sont ouverts de début avril à fin octobre.
- Au **printemps** (avril-mai), Corfou se couvre de fleurs et les paysages sont particulièrement beaux.
- **Pic de fréquentation** : juillet-août. Pensez à réserver votre hébergement assez tôt si vous y allez en été.
- **Température de la mer** : l'eau peut être fraîche au printemps (18 °C). L'été, elle est plus chaude (25 °C). Mais jusqu'à fin octobre, on peut s'y baigner.

Formalités

- Passeport ou carte d'identité valide pour les **ressortissants de l'UE**.
- Permis de conduire national si vous voulez louer un véhicule.

Comment y aller ?

Corfou dispose d'un **aéroport international (CFU).** En été, Easyjet propose des vols directs entre Paris et Corfou (3h). Transavia relie Paris Orly à Corfou d'avril à octobre, et en haute saison, Volotea relie Bordeaux, Toulouse, Nantes, Lyon et Strasbourg à l'île.

Pour rejoindre Paxos et Antipaxos, il faut prendre un **ferry** depuis Lefkimmi dans le sud de Corfou (45 min de traversée ; www.kamelialines.com) ou prendre un **hydroglisseur** (1h de traversée environ ; https://joycruises.gr) depuis le port de Corfou mais attention, entre octobre et avril, il n'y en a pas ! Il faut vérifier les horaires sur les sites, car ils sont susceptibles de changer, surtout hors saison.

Budget

- Les îles de Corfou, Paxos et Antipaxos sont plutôt chères, mais dès que vous vous éloignez des villes principales ou des stations balnéaires touristiques, vous pouvez trouver de bons prix.
- En été, par pers. : petit budget 60 €/j. ; budget moyen 100-120 €/j. ; budget plaisir 200 €/j.

Combien ça coûte ?

- Repas complet : 12-30 €
- Liaison : Lefkimmi-Paxos en ferry 15€ ; Corfou-Paxos en hydroglisseur 30 €
- Café grec : 2-3 €
- Pita souvlaki : 2,80-4 €

Où loger et comment se déplacer ?

Voir les informations relatives à chaque île (p. 26-27 et p. 100-101).

Heure locale

Il y a 1h de décalage entre la Grèce et la France ; quand il est midi à Corfou, il est 11h en France.

Électricité

Le courant est de 220 V et la fréquence de 50 Hz, comme en France. Les fiches françaises sont compatibles avec la majorité des prises électriques grecques (les rares exceptions concernent des demeures assez anciennes).

Téléphone

- **Depuis l'étranger vers la Grèce :** 00 30 + n° du correspondant (indicatif de Corfou : 266, téléphones portables : 69).
- **Depuis l'étranger vers la France :** 00 33+ n° du correspondant (sans le 0 initial)
- Les **frais d'itinérance *(roaming)*** ne sont plus facturés lors de vos voyages au sein de l'Union européenne. Vos communications (appels, SMS) et votre connexion internet en Grèce sont incluses dans votre forfait. Pour Internet, des plafonds sont en général fixés par votre opérateur. Attention, en revanche, quand vous vous trouvez près des côtes albanaises : ne vous connectez pas à Internet pour ne pas voir les coûts exploser !

Numéros utiles

- **Appel d'urgence/protection civile** : 112 (gratuit)
- **Police touristique** : 171
- **Urgences médicales, ambulance** : 166 (en anglais)
- **SOS Médecin** : 1016
- **Pompiers** : 199

Se renseigner

Office national hellénique du tourisme (ONHT) : 0142 606 575

https://visit.corfu.gr : le site de l'office du tourisme de Corfou, avec l'agenda des événements, des renseignements sur les activités, les visites, l'histoire.

www.meteo.gr (en anglais aussi) : météo précise.

https://greenbuses.gr : pour vous déplacer en bus dans l'île, c'est le site indispensable où vous pouvez trouver les horaires.

Douane

Pas de formalité douanière pour des achats personnels, à l'exception de l'alcool et des cigarettes dont les quantités sont réglementées (www.douane.gouv.fr).

Pourboires

Ils sont bienvenus car les serveurs sont mal payés : de 5 à 10 %.

Informations pratiques

Argent

Cartes bancaires

La Grèce étant un pays de la zone euro, inutile d'emporter des sommes importantes en espèces : tous vos paiements par carte bancaire sont gratuits. En revanche, une commission de 2 à 4 € s'appliquera à vos retraits de liquidités dans les distributeurs. Les règlements par carte sont acceptés dans presque tous les restaurants, hôtels et boutiques. Notez que la carte American Express est moins souvent acceptée que les cartes Visa ou Mastercard.

Perte ou vol de votre carte

Procurez-vous auprès de votre banque le numéro d'urgence pour faire opposition depuis l'étranger. Sinon, composez depuis la Grèce les numéros d'opposition.

- **Tout réseau** : 0033 442 605 303
- **Visa** : 00 800 11 638 0304 ; www.visaeurope.com
- **Mastercard** : 00 800 11 887 0303 ; www.mastercard.fr
- **American Express** : 0033 1 47 77 72 00 ; www.americanexpress.com/france

Assurance

Pensez à vous munir d'une assurance pour prévenir tout tracas à l'étranger (perte ou vol de bagages, accident, rapatriement...). Certaines cartes bancaires offrent une couverture à l'étranger, renseignez-vous auprès de votre banque.

Location de véhicules

Vous êtes obligé d'utiliser la **même carte bancaire** pour la souscription de la location et pour l'empreinte de carte qui sera prise sur place pour la **caution**. Si vous ne présentez pas la même carte, certaines agences peuvent vous refuser le véhicule sans vous rembourser la réservation.

Beaucoup de loueurs exigent une caution et vous demandent votre carte bancaire en amont.

Si vous louez via un comparateur (comme BSP Auto, Carigami, Rentalcars...), **il n'est pas responsable des contentieux avec le loueur** : il faudra vous

À savoir

Les **enfants mineurs** doivent avoir leur propre carte d'identité ou passeport. S'ils ne sont pas accompagnés de leurs parents, une autorisation de sortie du territoire est nécessaire. Celle-ci est également nécessaire si l'enfant n'a pas le même nom de famille que son accompagnateur (livret de famille exigé).

Formulaire à télécharger sur : www.service-public/particuliers/vosdroits/F1359

retourner directement contre celui-ci en cas de problème.

Lisez bien le contrat de location pour connaître les options et assurances incluses. Les loueurs les moins chers imposent des **frais très importants en cas d'accident**. Pensez à **prendre en photo le véhicule** sous tous les angles (intérieur et extérieur) au moment de la prise de la voiture, puis également au moment de sa restitution. Vous devez rendre le véhicule avec, au minimum, le **même niveau d'essence** que lorsque vous l'avez pris.

Certaines cartes bancaires (type Visa Premier) disposent d'une **assurance incluse** pour les véhicules citadins, mais celle-ci n'est pas forcément valable pour les 4×4 ni pour les camping-cars. Prenez une assurance à part ou celle proposée par le loueur.

Il est fréquent que la caution soit réellement débitée et ne soit remboursée que plusieurs semaines après la restitution du véhicule.

En cas de dégâts sur votre véhicule, contactez immédiatement votre assurance et demandez quels papiers sont nécessaires pour obtenir un remboursement des frais.

Vie quotidienne

Politesse et usages

Une tenue correcte s'impose dans la plupart des édifices religieux (églises, monastères, etc.) : épaules couvertes, jupe sous les genoux pour les femmes et pantalon pour les hommes.

Coutumes

N'avancez jamais votre main paume en avant et doigts écartés face à quelqu'un, c'est une insulte (*moutza*, qui signifie « allez au diable »).

Toilettes

Normalement, il est interdit de jeter du papier dans la cuvette des toilettes, ou toute autre chose au risque de les boucher ! Une poubelle est prévue à cet effet.

Saison touristique

Elle dure globalement d'avril à octobre à Corfou. À Paxos, certains établissements peuvent être fermés en avril ou fin octobre.

Santé

Carte européenne d'assurance maladie

Pensez à demander votre Carte européenne d'assurance maladie (valable 2 ans) à votre CPAM au minimum 3 semaines avant votre départ. Elle vous permettra, en principe, de ne pas avancer les frais médicaux dans les hôpitaux, cliniques, ou les centres de santé publics. En revanche, il faudra avancer les dépenses chez les médecins et dans les pharmacies : pensez impérativement à demander une facture papier car l'original sera exigé à votre retour en France pour en obtenir le remboursement par votre caisse de sécurité sociale.

En cas de problème grave, il est conseillé de se faire **rapatrier à Athènes**.

Sécurité dans les îles

Vols et agressions sont rares dans les îles grecques, et les règles de prudence élémentaires suffisent (pas d'affaires en vue dans votre voiture, pas d'objets trop chers ni trop voyants sur vous…).

Vous pouvez sans problème confier vos bagages dans un café le temps d'une visite ou d'une baignade.

En revanche, attention sur les routes ! Les accidents sont fréquents : les routes sont souvent étroites, sinueuses et parsemées de nids-de-poule. Vers les stations balnéaires fréquentées par de jeunes fêtards (Kavos dans le Sud, ou Sidari dans le Nord), l'alcool coule à flots et il faut être plus attentif.

Excursion en Albanie

Pour une escapade d'une journée en Albanie, plusieurs prestataires vous proposent une formule complète :

- **Dreamland Travel Agency :** El. Venizelou 46A ; tél. 6986 034 878 (WhatsApp) ; https://corfudreamland.com/excursions. Excursion de 9h à 18h30 ; tour (déjeuner compris) : 55 €.
- **Sarris Cruises :** Mouriki 1 ; tél. 2661 025 317 ; https://sarriscruises.gr. Tour (déjeuner compris) 57 €.
- **Ionian Seaways :** Ethn. Antistaseos 4 ; tél. 2661 038 690 ; https://ionianseaways.com. Compagnie de ferries qui va jusqu'à Saranda en Albanie, 4 ferries dans la journée (1 h de trajet) ou bateau rapide (30 min de trajet) ; du port de Saranda, des bus rejoignent le site de Butrint. Ticket de ferry 15 € ; bateau rapide 20 €.

Shopping

Horaires d'ouverture

Excepté sur les sites touristiques, la sieste est sacro-sainte en été. Les villages sont déserts et les magasins souvent fermés entre 15h et 18h, sauf dans les endroits touristiques.

CORFOU

PAXOS ET ANTIPAXOS

Activités

Randonnées

LEXIQUE

Usuel

Oui : *né*
Non : *ochi*
Bonjour : *kaliméra*
Bonsoir : *kalispéra*
Au revoir : *gia sas* (salut à vous et aussi bonjour) et *gia sou* (salut à toi)
Je ne comprends pas : *dhène katalavéno*
Madame : *Kiria*
Monsieur : *Kirié*
Merci : *efkharisto*
Excusez-moi : *mé sinexhorité*
S'il vous plaît : *parakalo*

Espace et temps

Où se trouve...? : *pou iné...?*
Comment aller à...? : *posse boro na pao...?*
Droite : *dheksia*
Gauche : *aristéra*
Tout droit : *efthia*
Près : *konneda*
Lundi : *dheftéra*
Mardi : *triti*
Mercredi : *tétarti*
Jeudi : *pèmepti*
Vendredi : *paraskévi*
Samedi : *savato*
Dimanche : *kiriaki*

Shopping

Combien coûte ceci? : *posso kani?*
J'aimerais... : *tha ithéla...*
Avez-vous...? : *échété...?*
Acceptez-vous les cartes de crédit? : *dhechesté pistotikès kartesse?*
Grand : *mégalo*
Petit : *micro*
Cher : *akrivo*
La boulangerie : *o fournosse*
La banque : *i trapéza*
La librairie : *to vivliopolio*
La pâtisserie : *to zacharoplastio*
La pharmacie : *to pharmakio*
Le marché : *i laiki agora*
Le supermarché : *«supermarket» / hyperagora*

En ville

L'église : *i éklisia*
Le jardin : *o kiposse*
La bibliothèque : *i vivliothiki*
Le musée : *to moussio*
La rue : *o dhromosse*
La station de bus : *o stathmos léoforione*
Le train/le métro : *to tréno*
L'office de tourisme : *o EOT*
Le port : *to limani*
Le ferry : *to feribote*
Billet aller-retour : *isitirio mé épistrofi*
Aller simple : *aplo isitirio*
Entrée : *i issodhos*
Sortie : *i éksodhos*
Ouvert : *anichto*
Fermé : *klisto*

À l'hôtel

Avez-vous une chambre de libre? : *échété ena elefthero dhomatio?*
Chambre double avec un grand lit : *dhiklino mé dhiplo krévati*
Chambre individuelle : *monoklino*
Chambre avec bain : *dhomatio mé banio*
La douche : *to dous*
J'ai réservé : *éxho kani kratisi*

Au restaurant

Avez-vous une table? : *échété trapezi?*
L'addition, s'il vous plaît : *to logariasmo, parakalo*
Le menu : *to katalogo*
La carte des vins : *to katalogos mé ta inopnevmatodhi*
Le verre : *to potiri*
L'eau : *to néro*
La bouteille : *to boukali*
Le couteau : *to machéri*
La fourchette : *to pirouni*
La cuillère : *to koutali*
Le petit déjeuner : *to proïno*
Le déjeuner : *to mésimériano*
Le dîner : *to dhipno*
Le plat du jour : *to piato tis imeras*
Le café : *o kafés* (*to kafénio* = le café en tant qu'établissement)
Le pain : *to psomi*
Le dessert : *to gliko*
Le poisson : *to psari*
Le fromage : *to tiri*
Vin rouge : *krasi kokino*
Vin blanc : *krasi lefko*
Vin rosé : *krasi rozé*
Sel : *alati*
Poivre : *pipéri*
Thé : *tsaï*

Les nombres

Un : *éna*
Deux : *dhio*
Trois : *tria*
Quatre : *tessera*
Cinq : *pennedé*
Six : *eksi*
Sept : *epta*
Huit : *ochto*
Neuf : *énéa*
Dix : *dhéka*
Onze : *ènedhéka*
Douze : *dhodhéka*
Vingt : *ikosi*
Vingt et un : *ikosiéna*
Trente : *trianeda*
Quarante : *saraneda*
Cinquante : *eksineda*
Cent : *ékato*
Deux cents : *dhiakosia*
Mille : *chilia*
Deux mille : *dhiochiliadhès*

Crédits photographiques

Couverture

Plat 1 : © John Arnold Images / hemis.fr.
Plat 4 : © cristianbalate / AdobeStock.

Intérieur

Adobe Stock : milosducati p. 3 (b. g.) ; Freesurf p. 5 (b. d.) ; Simon Dannhauer p. 7 (h. d.), p. 8 (c.), p. 78 ; Sawaneep. 7 (c.) ; kite_rin p. 7 (b. d.), p. 32 ; blue-sea.cz p. 8 (h. g.) ; d_zheleva p. 8 (b. g.) ; Fokoton p. 9 (b. g.) ; KajzrPhotography.com p. 23, p. 95 ; Rostislav Ageev p. 25 ; AkuAku p. 37 ; Aleh Varanishcha p. 38 ; kokixx p. 54 ; golovianko p. 59 ; Miljan Živković p. 61 ; ernestos p. 63, p. 74 ; Serenity-H p. 67 ; vikakurylo81 p. 86 ; Travel Nerd p. 96, p. 107 ; dudlajzov p. 111 ; Anastasija p. 114 ; defender06 p. 115.

Avlaki Seaside : p. 97.

Bella Venezia : p. 41.

Corfu Outdoor Activities : p. 9 (h. d.).

Corfu Palace / George Fakaros : p. 42.

Marina Rafenberg : p. 10, p. 128.

Myrto Zirini : p. 11 (d.).

Hemis : Franck Guiziou p. 1, p. 3 (h. g.), p. 19, p. 33, p. 34, p. 47, p. 70, p. 84, p. 117 ; Tuul et Bruno Morandi p. 3 (d.), p. 5 (c.), p. 80, p. 103 ; Westend 61 p. 4 (c.) ; Jon Arnold Images p. 4 (h. g.), p. 12, p. 66, p. 99 ; Realy Easy Star / Alamy Stock Photo p. 5 (h. g.) ; Cultura p. 69 ; Robert Harding p. 100, p. 102, p. 104.

Shutterstock : Szymon Much p. 4 (b. g.) ; Mellilis Alexandros p. 9 (d.), p. 14 ; csikiphoto p. 11 (h. g.) ; Giovanni Rinaldi p. 13 ; D_Zheleva p. 15 (h. d.) ; Tupungato p. 17 ; leoks p. 20 ; Anton Zelenov p. 28 ; Parkerspics p. 45 ; MAXSHOT.PL p. 48 ; VVlasovs p. 49 ; D.Bond p. 50 ; Ernestos Vitouladitis p. 51, p. 87 (h. d.), p. 88 ; allouphoto p. 53 ; Anastasija Kru p. 57 ; Tsuguliev p. 62 ; Nick N A p. 65 ; Serenity-H p. 77 ; KajzrPhotography p. 79 ; Andrew Mayovskyy p. 85, p. 91 ; Kalabi Yau p. 89 ; etraveler p. 92 ; Heracles Kritikos p. 101 ; Aerial-motion p. 105, p. 113 ; Heracles Kritikos p. 112.

Taste and Flavor of Olive : p. 110.

Taverna Agni : p. 56.

Notre autrice, Marina Rafenberg

Elle navigue depuis sa plus tendre enfance entre les îles grecques. Tombée amoureuse de la Grèce, où elle vit depuis huit ans, elle vous emmène à Corfou et Paxos, deux bijoux de la mer Ionienne. Meilleurs spots pour admirer de superbes couchers de soleil, plages paradisiaques, randonnées au milieu de la nature verdoyante et tavernes authentiques : suivez ses coups de cœur.

Conception maquette intérieure et illustrations : Minsk Studio
Conception maquette couverture: Studio POLI&CO
Réalisation maquette : NordCompo

Ce titre est conçu à l'initiative, sous le nom, la responsabilité, le contrôle et selon les directives, instructions et consignes de Hachette Tourisme.

Direction : Sidonie Chollet
Direction éditoriale : Cécile Petiau
Édition : Émilie Lézénès, Anne Cauvel de Beauvillé
Avec la collaboration d'Emmanuelle Fernandez
Cartographie : Frédéric Clémençon et Aurélie Huot
Fabrication : Liza Sacco
Contact presse : Rachida Mazef – rmazef@hachette-livre.fr
Contact publicité et partenariats : partenariat-tourisme@hachette-livre.fr

Aussi soigneusement qu'il ait été établi, ce guide n'est pas à l'abri des changements de dernière heure, des erreurs ou omissions. Ne manquez pas de nous faire part de vos remarques. Informez-nous aussi de vos découvertes personnelles, nous accordons la plus grande importance au courrier de nos lecteurs : **weekend@hachette-livre.fr**
Le contenu des annonces publicitaires insérées dans ce guide n'engage en rien la responsabilité de l'éditeur.

Conformément à une jurisprudence constante (Toulouse 14-01-1887), les erreurs ou omissions involontaires qui auraient pu subsister dans ce guide, malgré nos soins et les contrôles de l'équipe de rédaction, ne sauraient engager la responsabilité de l'éditeur.

Édité par Hachette Livre (58, rue Jean-Bleuzen, CS 70007, 92178 Vanves Cedex)
Imprimé par Polygraf (Capajevova 44, 08199 Presov, Slovaquie)
Achevé d'imprimer : avril 2024
ISBN : 978-2-01-726322-7 • 46-7208-5
Dépôt légal : mai 2024 • Collection n° 44 - Édition : 01